Oldenbourg Interpretation
Band 88

Oldenbourg Interpretationen
Herausgegeben von
Klaus-Michael Bogdal und Clemens Kammler

begründet von
Rupert Hirschenauer (†) und Albrecht Weber

Band 88

Jurek Becker

Jakob der Lügner

Interpretation von
Lothar Wiese

Oldenbourg

Die Seitenangaben in Klammern beziehen sich auf folgende Ausgabe: Jurek Becker, Jakob der Lügner, Frankfurt a. M.: Suhrkamp 1981 u. ö. (suhrkamp taschenbuch 774).

Zitate sind halbfett gekennzeichnet.

Die Deutsche Bibliothek – CIP-Einheitsaufnahme
Wiese, Lothar:
Jurek Becker, Jakob der Lügner : Interpretation / von Lothar Wiese. –
1. Aufl. in der neuen Rechtschreibung. – München : Oldenbourg, 1998
(Oldenbourg-Interpretationen ; Bd. 88)
ISBN 3-486-88688-6

Bei Zitaten, Literaturangaben und Materialien im Anhang ist die neue Rechtschreibung noch nicht berücksichtigt.

1. Auflage 1998
Unveränderter Nachdruck 02 01 00 99 98 R
Die letzte Zahl bezeichnet das Jahr des Drucks.

Lektorat: Ruth Bornefeld, Bettina Schröter (Assistenz)
Herstellung: Karina Hack
Typografisches Gesamtkonzept: Gorbach GmbH, Buchendorf
Umschlagkonzeption: Mendell & Oberer, München
Gesamtherstellung: Wagner GmbH, Nördlingen

ISBN: 3-486-**88688**-6

Inhalt

Unterrichtshilfen

Anhang

Vorbemerkung
Der Holocaust als Thema der Literatur

Die Schwierigkeiten, eine Holocaust-Geschichte mitzuteilen, erlebt und reflektiert bereits der fiktive Ich-Erzähler des Romans. Er trifft in der Nachkriegszeit auf Menschen, die auf seine Geschichte mit Entlastungsformeln und vordergründigem Mitleid (vgl. 24f.) reagieren. Diese Erfahrungen des Ich-Erzählers beim Versuch, seine Geschichte zu erzählen, deuten bereits die Schwierigkeiten an, auf die ein Roman über den Holocaust beim Leser treffen kann und die sich bei einer Lektüre im Unterricht erst recht zeigen können.

Ein Roman über den Holocaust also als Schullektüre? Zu einer Zeit, in der es mühsamer wird, Schülerinnen und Schüler (im Folgenden vereinfacht: Schüler) zum Lesen anzustiften; in der Literatur im öffentlichen Bewusstsein zunehmend marginalisiert wird; in der es schwieriger wird, *ansprechende* Literatur für Schüler auszuwählen? Ein weiteres Problem: Der Holocaust dürfte für Jugendliche unserer Zeit, die noch entschiedener als frühere Generationen mit sich selbst, ihrer Ichfindung und ihrer Rollensuche beschäftigt sind, ein fernes und weitgehend unbegriffenes Geschehen darstellen. Ist es folglich nicht mühsam, die Erfahrungshorizonte von Text und Leser in Beziehung zu setzen? Ein weiterer möglicher Einwand schließt sich an: Gerät nicht die Auseinandersetzung mit der NS-Vergangenheit manchmal – aus der Sicht der Jugendlichen – zu einem sich wiederholenden und somit ermüdenden Bewältigungsritual und zu einer Erinnerungsrhetorik? Ein verbreitetes Stereotyp zitiert ein Überlebender des KZ: **Ich bin dafür, daß endlich Schluß gemacht wird. Wie weit soll das überhaupt noch gehen? Bis ins dritte und vierte Glied? Es wachsen neue Generationen nach, man soll die Vergangenheit ruhen lassen.**[1]

Wir versuchen zu zeigen, dass sowohl das Thema als auch die Erzählkunst Beckers die Schüler zum Lesen anregen können, dass der Roman den Leser mit dem schrecklichsten Geschehen unserer Geschichte konfrontiert, dem Holocaust. Diese Fragen, die der Roman aufwirft, drängen nach Antworten, denn sie betreffen unsere Gegenwart. Nachdenkliche Journalisten und Schriftsteller der Gegenwart, Beobachter der Bürgerkriege am Ende des 20. Jahrhunderts, verdeutlichen, wie virulent das *Böse* und wie dünn die Kruste der Zivilisation ist. Die Bürgerkriege in Liberia, Afghanistan, in Ruanda, in Tschetschenien und in Bosnien zeigten eins immer wieder: **Wie ein vom Boden aufgehobener Stein, dessen Unterseite von Käfern und Maden wimmelt, machte der Krieg die unter dem dünnen**

Firnis der Zivilisation verborgene Wahrheit sichtbar.[2] Was aber ist diese Wahrheit, um die sich Beckers Roman bewegt? Zu dieser Wahrheit, so lässt sich vorläufig und thesenhaft verkürzend sagen, gehören folgende Erkenntnisse: Erstens die latent gegebene Gefahr der Verrohung der Menschen, zweitens die verstörende Mischung aus Terror und Alltagsnormalität, drittens die schnelle Gewöhnung des Menschen an das kollektive Verbrechen, viertens die durch Vorurteile und ideologische Prägung bewirkte selektive Wahrnehmung von Realität und fünftens die Indifferenz gegenüber moralischen Gesetzen. Unsere Lektüre kann den Blick schärfen und ein wenig wachsamer, selbstkritischer und sensibler machen gegenüber den genannten Gefährdungen unserer Zivilisation.

Jurek Becker stellt sich die Frage, warum er über die Vergangenheit schreibt, und wertet seine erste Antwort: **›Damit die Leute wissen, was da war‹** als **eigentlich zu klein.** Seine **übergeordnete Antwort** ist:

> ›Um das Risiko einer Wiederholung möglichst gering zu halten.‹ Das heißt: Sinn solcher Literatur sollte oder kann höchstens in einer Zunahme, in einer minimalen Zunahme von Sensibilität, von Empfindsamkeit bestehen. Vielleicht Leuten das Bewußtsein schärfen für Gewalt: was ist Gewalt, wo fängt Gewalt an, was sind Erscheinungsformen von Gewalt, wie wenig, was noch so unscheinbar aussieht, ist schon Gewalt? [...] Ich sehe in der Welt, und in meiner Umgebung insbesondere, faschistoide Möglichkeiten. Ich sehe eine Art sich militant gebärdender Intoleranz, [...] und davor fürchte ich mich. Das heißt, es gibt bis heute – für meine Begriffe – nicht nur ästhetische Gesichtspunkte, sich mit faschistischer Vergangenheit, mit Nazivergangenheit auseinanderzusetzen, sondern auch politische Gesichtspunkte.[3]

Der Roman Beckers lässt sich dieser Äußerung zuordnen. Er dient, so ein erster Leitaspekt unserer Interpretation, einem Erkenntniszuwachs und einer Sensibilisierung des Lesers; er öffnet den Blick für die mörderische Zuspitzung des Rassismus in der NS-Zeit und lässt nach der historischen Ursachenkette ebenso fragen wie nach vergleichbaren Gefährdungen heutiger zivilisierter Gesellschaften. Ein zweiter leitender Gesichtspunkt: Die Erzählkunst des Autors kann beim Leser sowohl den Automatismus einer vordergründigen Betroffenheitsreaktion als auch Gleichgültigkeit überwinden. Der Leser wird weder emotional überwältigt noch belehrend angesprochen, wie zu zeigen sein wird. Wenden wir uns einem dritten Aspekt zu: Literatur vermag, indem eine eigene fiktionale Welt entworfen wird, ein Ereignis wie den Holocaust in seiner Vielschichtigkeit und Mehrperspektivität darzulegen und auf diese Weise einer starren Eindeutigkeit, einer niederdrückenden Faktizität, wie geschichtliche Quellen sie bezeugen, zu entreißen.

1 Interpretationsansatz

Wir gehen in unserer Darstellung zunächst davon aus, dass in literarischen Texten verschiedene Möglichkeiten einer Sinngebung angelegt, ein Raum der Möglichkeiten eröffnet wird und eine Art Dialog zwischen Leser und Text entsteht, in dem Fragen gestellt und beantwortet werden. Die Akzentuierung der thematischen Ebene bedeutet nicht, dass der Roman auf die Darlegung einer Aussage reduziert wird, die bereits vor dem Werk existiert. Dann verlöre der Roman seinen offenen, vieldeutigen, also seinen künstlerischen Charakter. Sodann gilt es, die Balance zu finden zwischen der Ästhetik des Textes und der thematischen Ebene, sonst könnte es geschehen, dass die Betrachtung der künstlerischen Struktur von der Realität des Völkermordes ablenkte. Angesichts der Fülle literaturwissenschaftlicher Konzeptionen und methodischer Verfahren entscheiden wir uns, verschiedene Ansätze aufgreifend, für einen pragmatischen Mittelweg, ohne auf die aktuelle didaktische Diskussion einzugehen. Nur so viel sei angemerkt: Für die Unterrichtspraxis dürfte zunächst ein hermeneutisches Interpretationsverfahren unentbehrlich sein.

Das fundamentale Lernziel neuerer didaktischer Ansätze, entwickelt an Beispielen postmoderner Literatur, dass es den Zentralsinn eines literarischen Werkes nicht gebe, dass der Leser individuell auswählen und sich als Koautor begreifen könne, erscheint, jedenfalls im Blick auf BECKERS Roman, etwas einseitig, ebenso wie die Diskreditierung tradierter hermeneutischer Verfahren mit Vokabeln wie **Totalitarisierung, Absolutheitsanspruch, Syntheseversprechen**[4]. Im Bewusstsein, dass eine Interpretation nicht zur Ermittlung des einzig wahren Sinns führen kann, dass eine didaktische Analyse-Rezeptur verfehlt ist und sich moralisierendes Interpretieren verbietet, dass sich das Besondere der Literatur erst im konkreten Leseprozess zeigt, versuchen wir im Folgenden, den Mittelweg knapp zu skizzieren.

Ausgangspunkt unserer Überlegungen ist, das Ästhetische zunächst ausklammernd, dass BECKER keinen postmodernen Roman mit pluralen und wechselnden Sinnmustern schreibt, sondern sein Roman sich einem Zentralsinn zuordnen lässt. Aber dieser lässt sich in einzelne Wahrheiten auffächern, denen ein belehrender und moralisierender Gestus fehlt. Zu diesen Wahrheiten lässt sich eine Ethik mitmenschlichen Handelns, wie sie Jakob Lina gegenüber vorlebt, ebenso zählen wie die lebenserhaltende Bedeutung einer utopischen Perspektive. Zu diesen Wahrheiten gehört eine sich im indirekten Widerstand und in Formen der Ironie behauptende menschliche Würde der Opfer, gehört andererseits das Wissen um die Verführungskraft des Bösen. Zusammengefasst: In einem Vernichtungssystem, wie es das Ghetto darstellt, lässt sich, wenn auch unter der Maske der Lüge, Wahrheit und Menschlichkeit erreichen. Der Roman bietet diese Wahrheiten durch künstlerische Imagination, durch Evokation einer fiktiven Welt durch Sprache, und zwar in einer offenen, spannungsreichen und mehrdeutigen Weise. Damit unterscheidet er sich grundlegend vom wissenschaftlichen Diskurs der Geschichtswissenschaften sowie von einengender Emotionalität der Augenzeugenberichte. Die Schüler können deshalb dem Text eigenständig begegnen und – trotz der angesprochenen hermeneutischen Differenz – auf ihre eigene Situation hin auslegen. Vorausgesetzt, die Textarbeit ist hinreichend offen und variabel.

Der Interpretationsansatz lässt sich knapp in folgender Weise zusammenfassen:

- Der vorliegende Roman gilt nicht einseitig als Werk mit zeitgeschichtlicher Aussage, sondern vorrangig als ästhetisches Sinngebilde. Erzählt wird zwar ein historisch nachweisbares Geschehen – wie in vielen anderen Werken der großen Literatur (vgl. Schiller: *Don Carlos; Wallenstein*) –, aber auch hier entfaltet der Roman eine eigene Wirklichkeit, die in komplexer Spannung zur Welt der Fakten steht. Der Roman ist nicht primär unter historischen, soziologischen oder philosophischen Gesichtspunkten zu erarbeiten; allerdings sollte z. B. auf diese philosophischen, ideologiekritischen und sozialgeschichtlichen Fragestellungen nicht verzichtet werden. Denn gerade auch im Sinne des Autors ist nach den gesellschaftspolitischen und ideologischen Ursachen der Verbrechen ebenso zu fragen wie nach ihren anthropologischen Bedingungen. Hier liegt immerhin ein gewichtiger problemorientierter Ansatz der Interpretation. Auf diese Weise können bleibende Gefährdungen des Menschen durch Macht, Ideologie, moralische Indifferenz den Lernenden verdeutlicht und ihr Blick geschärft werden. Allerdings können – in Anbetracht unserer Maxime von der Priorität des Ästhetischen – die vielschichtigen Ursachen des Holocaust nur angesprochen und ein Impuls zur weiterführenden Beschäftigung gegeben werden.
- Die Welt des jüdischen Ghettos von Lodz ist dem Schüler völlig fremd. Der Horizont des Lernenden ist durch völlig andere Erfahrungen und Vorstellungen bestimmt, sodass die hermeneutische Differenz zwischen der Welt des Romans und der des Lesers mit zu reflektieren und bei didaktischen Entscheidungen zu berücksichtigen ist. Erst mithilfe zusätzlicher Materialien (s. Anhang) kann es gelingen, den Schülern das Monströse, das

Unvorstellbare eines industriell organisierten Völkermordes zu verdeutlichen und Zweifel an der Rationalität der Moderne zu wecken.

▪ Nach diesen vorrangig problemorientierten Ansätzen sind ästhetische, zunächst rezeptionsästhetische Überlegungen zu nennen. Zu berücksichtigen ist, wie angesichts des Themas gewohnte Erwartungsschemata des Lesers enttäuscht werden, wie das Erzählen zunächst befremdet. Auf diese Weise wird die Rezeptionshaltung des Lesenden offen gehalten und eben nicht eingeengt und gesteuert. Damit sucht der Autor der Gefahr zu entgehen, dass Opfer- und Leidensgeschichten, wie er beobachtet hat, die Zuhörer nicht nachhaltig erreichen können und sie ermüden.[5] Der Roman erweist sich, z. B. in der polyperspektivischen Erzähltechnik und auffälligen Gestaltung der Erzählerrolle, als Beispiel modernen Erzählens und ermöglicht Einsichten in deren Strukturen und Wirkungsweisen.

▪ Eine zentrale Kategorie unserer Analyse ist die Frage, ob dem Grauen überhaupt Ausdruck zu geben ist, in welcher Weise eine Welt außerhalb jeder Zivilisation und Gesittung sich künstlerisch darstellen lässt. Anders als bei bislang bekannten Darstellungen des Grauens (z. B. antikes Drama; Kleist: *Penthesilea*), in denen das Grauen individuell bleibt, reißt das kollektive Töten einen nicht lösbaren Widerspruch auf zwischen dem Grauen und seiner ästhetischen Gestaltung. Dieser Widerspruch kann angesprochen und bewusst gemacht, aber nicht gelöst werden. Dolf Sternbergers bekannte Aussage, Auschwitz sei nicht zu verstehen, und wer es verstehe, verliere darüber den Verstand, ist zwar begreiflich, ihr sollte aber nicht gefolgt werden, weil sonst die Gefahr einer Mystifizierung des Geschehenen drohen könnte. Wir müssen Fragen an uns heranlassen wie die schon genannten: Wie kommt es, dass sich aus der Mitte einer hoch zivilisierten Gesellschaft heraus ein solches Verbrechen ergeben kann?

▪ Produktionsästhetische Annäherungen können bei diesem Roman nur begrenzt und behutsam angestrebt werden, da das Thema eine schwer begreifbare Dimension hat; Schülerarbeiten können daher leicht ins Klischeehafte und vordergründig Moralische abgleiten.

▪ Fassen wir zusammen: Wir orientieren uns primär an hermeneutischen Verfahren, konzentrieren uns dabei zunächst auf das Erzählsystem und die konstituierenden innertextlichen Faktoren wie Figur, Raum und Zeit sowie die Darstellungsweise – im Blick auf die thematische Ebene. Zudem erweitern wir unsere Untersuchung, indem wir die historische Realität (z. B. das Ghetto, den Antisemitismus, die Täterideologie) sowie intertextuelle Bezüge, also Motiv- und Themenkomplexe des Erzählwerks, einbeziehen.

2 Forschungsüberblick

2.1 Untersuchungen zum Werk

Jurek Beckers erster Roman *Jakob der Lügner*, 1965 zunächst als Drehbuch verfasst, findet beim Erscheinen 1969 ein breites, zustimmendes Echo. Fast jede nennenswerte Zeitung bespricht ihn und weitgehend einhellig preisen die Rezensenten den gewählten Erzählton ebenso wie die kunstvoll ausbalancierte Spannung zwischen tragischer Situation und humorvoller bzw. ironischer Darstellungsweise, das unpathetische Erzählen ebenso wie den Verzicht auf Schwarzweißmalerei. Der Roman wird in verschiedene Sprachen übersetzt – 13 Übersetzungen nennt die Bibliografie (vgl. Anm. 6) –, in der DDR verfilmt und als offizieller Beitrag der DDR bei der 25. Berlinale mit dem Silbernen Bären ausgezeichnet. Eine Reihe von wissenschaftlichen Beiträgen sowie zwei allein Becker gewidmete Sonderbände[6] dokumentieren die große Aufmerksamkeit, die Beckers Erstlingsroman sowie sein gesamtes Erzählwerk finden. Die Beiträge stimmen weitgehend überein und attestieren gerade diesem ersten Roman eine künstlerisch überzeugende Darstellung eines außerordentlich schwierig zu bewältigenden Themas. Untersucht und gewürdigt werden insbesondere die Gestaltung der Erzählerfigur, die Rolle der Komik sowie die Darstellung des Verhältnisses von Ethik und Ästhetik. Nur vereinzelt äußern sich kritische Stimmen, welche die Entscheidung für zwei Romanenden als künstlerisch misslungen ansehen, welche eine Verharmlosung des Schrecklichen beklagen und die Haupthandlung von überflüssigen Episoden überwuchert sehen. Im *Kritischen Lexikon zur deutschsprachigen Gegenwartsliteratur* heißt es zum Beispiel, dass der Leser die Figuren nicht ernst nehmen könne, da sie, der Gantenbein'schen Familie zugeschlagen, umstandslos die **(Lebens-)geschichten wie Kleider** wechseln; dass die Form der Darstellung das dem Stoff innewohnende Pathos denunziere; dass der **spielerische Umgang mit einer Wirklichkeit, die absolut nichts Spielerisches** habe, unverbindlich und also unangemessen wirke.[7]

In der Literatur zum Roman werden im Wesentlichen folgende Fragen diskutiert. Zunächst: Ist ein Schweigen über unvorstellbares Leid nicht die einzig angemessene Reaktion? Sodann: Darf das in Lodz oder in Auschwitz Geschehene zur Kunst werden, verfälscht eine ästhetische Gestaltung nicht den Sachverhalt? Dann die davon abgeleiteten Fragen: Kann man ein Ereignis wie den Holocaust fiktionalisieren, zu einem Gedicht oder einer Erzählung gestalten, muss man sich nicht strikt an die realhistorischen Fakten halten und den Augenzeugenberichten den Vorzug geben? Führt diese künstlerische Gestaltung nicht zur Harmonisierung und Verharmlosung des Entsetzlichen? Der nächste Fragenkomplex: Können Komik, Ironie und Humor dem Thema gerecht werden, denunziert diese Darstellungsform nicht den Ernst des Inhaltes? Eine weitere Frage: Lenken die Nebenhandlungen und Anekdoten zu sehr vom Kerngeschehen ab? Schließlich: Ist die Doppelperspektive zwischen wirklich erlebter und erdachter Geschichte, ist der doppelte Schluss künstlerisch misslungen?

Diese Fragen werden in fast allen Untersuchungen zu BECKERS Roman angesprochen; die überwiegend in der Forschungsliteratur vertretene Position soll, thesenhaft verkürzt, vorgestellt werden.

Zum ersten Punkt: Eine Art von alttestamentarischem Bilderverbot dürfe es nicht geben, denn das Leiden des Einzelnen könne nicht vergessen werden, auch auf die – vermeidbare – Gefahr hin, dass das Erinnern zum Ritual werde. Zum zweiten Fragenkomplex: Fiktionale Gestaltung sei dem authentischen Dokument, zum Beispiel der historischen Quelle oder dem Zeitzeugenbericht, überlegen, da das Bestreben, eine objektive bzw. adäquate Wiedergabe des Grauens zu leisten, von falschen Voraussetzungen ausgehe[8] und zudem der Betroffenheitsdiskurs eines Zeitzeugen eher Ohnmacht signalisiere. Die Fiktionalisierung berge zwar Risiken, z. B. die Trivialisierung, aber der Kunst könne die Darstellung des eigentlich Nicht-Darstellbaren eher als dem Dokument gelingen. Zum dritten Aspekt: Gerade die poetische Dimension, zum Beispiel die Mischung aus Ironie, Komik und Humor, ergebe eine **schwebende Distanz**, gleich weit **von niederschmetternder Hoffnungslosigkeit wie leichtfertiger Verharmlosung entfernt.**[9] Zum vierten und fünften Punkt: Gerade die Episodenstruktur sowie die Doppelperspektive bzw. der doppelte Schluss erwiesen sich als wesentliche Elemente der thematischen und ästhetischen Struktur sowie der Wirkungsabsicht. Wir werden in unserer Arbeit auf diese Fragen zurückkommen und versuchen, sie im Einzelnen zu klären.

2.2 Didaktische Konzepte

Es liegen zum Roman zwei didaktisch ausgerichtete kurze Untersuchungen vor, die, den Forschungsstand berücksichtigend, Unterrichtskonzepte enthalten: 1980 von Hanne Oppermann und 1995 von U. Zierlinger vorgelegt.[10] Oppermanns Unterrichtsreihe, für eine 10. Klasse gedacht, nennt als Lernziele: Einsichten in die Judenverfolgung, in die Gestaltungselemente des Romans und in die unterschiedlichen Darstellungsweisen von Geschichtsschreibung und Literatur. Oppermanns Unterrichtsreihe, auf sieben Stunden angelegt, verweist methodisch vorwiegend auf das Unterrichtsgespräch, verzichtet, erklärlich angesichts der Lerngruppe, auf eine weitergehende Kontextualisierung und begnügt sich mit wenigen Kontextaspekten. Bei ihrer Konzentration auf wenige werkimmanente, insbesondere thematische Aspekte will sie nur sehr begrenzt auf das Erzählverfahren, den Aufbau und die Erzählerrolle eingehen.

Die Untersuchung von U. Zierlinger aus der Reihe *Lektüre Durchblick* bietet sehr knappe, aber präzise und durchdachte Hinweise für eine schnelle Information; er enthält Informationen zu Inhalt, Hintergrundgeschehen, Personen, Handlungsstruktur sowie eine sehr knappe Interpretation im engeren Sinne, zudem Aufgaben und Lösungstipps.

3 Biografischer und sozialgeschichtlicher Hintergrund

Vorbemerkung

Bei allen Autoren gibt es vielfache, wenn auch meist nicht direkt nachweisbare Bezüge zwischen Leben und Werk; das literarische Werk ist in sehr unterschiedlicher Weise Reflexion der Lebenserfahrungen. Die Feststellung als solche ist eine Banalität. Aufschlussreicher ist der Hinweis, dass durch die Fiktionalisierung real-biografische Elemente eine neue Dimension gewinnen, die sich der Eindeutigkeit des Realen entziehen, epische Distanz aufbauen und ästhetisches Eigengewicht erhalten.

Autoren schöpfen ihre Themen, Motive und Figuren aus eigener Lebenserfahrung, aus den kollektiven Erfahrungen der zeitgenössischen Gesellschaft, aus anderen Texten, d. h. aus Mythen, aus Literatur und Kunst früherer Literatur. Die Grenzen zwischen den biografischen und den gesellschaftlich-historischen Tatsachen auf der einen Seite und dem Werk auf der anderen Seite sind fließend, spannungsreich und vieldeutig. Es ist also meist schwierig, die Elemente des Biografischen im Roman nachzuweisen, leichter schon, historisch-gesellschaftliche Einflüsse zu erkennen. Ebenfalls können wir, zunächst vereinfachend, die Beziehungen zwischen der Biografie des Autors und der Erzählfigur als spannungsreich und widersprüchlich bezeichnen. Bei BECKER ist der Grad der Fiktionalität größer als in einigen anderen Ich-Erzählungen (vgl. autobiografische Literatur) – trotz der vielfachen Beglaubigungssignale des Erzählers und der eindeutigen örtlichen und zeitlichen Situierung des Geschehens. Die Ich-Erzählung fingiert zwar den Modus der Wirklichkeitsaussage, aber der Erzähler zerstört wiederholt den Schein des *Als-Ob*.

MARTIN WALSER erklärt zu dieser Frage:

> Ich kann nicht erzählen, was mir passiert ist. Das wäre Wiederholung von etwas Unerträglichem. Ich muß aber antworten auf das, was mir passiert ist. Der Romanheld ist eine Entblößungs-Verbergungs-Möglichkeit [...]. Die Figur des Autors ist eine Puppe, mit der er auf seine Erfahrung antworten kann, bis sie erträglich wird, bis er mit ihr leben kann. Aber er selber als Figur wäre zu wenig beziehungsweise das wäre nur die Potenzierung des Mangels.[11]

Diesen Möglichkeiten eines Schriftstellers, auf Erfahrenes zu antworten, soll nachgespürt werden – im Wissen darum, dass diese nicht mit denen im Werk gleichzusetzen sind. Nehmen wir vorweg, dass BECKERS Romanwerk um zwei lebensgeschichtlich bedeutsame Erfahrungen kreist: um seine Erfahrungen als Jude (vgl. die Trilogie: *Jakob der Lügner* (1969), *Der Boxer* (1976), *Bronsteins Kinder* (1986)) und als Sozialist (vgl. z. B. *Schlaflose Tage* (1978), *Amanda herzlos* (1992)). Diese Prägungen beeinflussen die Art seines Schreibens. Wenn wir vereinfachend von einem Spektrum der Literatur sprechen, an dessen einem Ende sich die reine Poesie und an dessen anderem die engagierte Poesie orten lässt, so ist Becker in die Nähe dieser engagierten Literatur einzuordnen, ohne allerdings in dieser Position aufzugehen.

Biografischer und sozialgeschichtlicher Hintergrund

Ohne Zweifel ist der Roman *Jakob der Lügner* vielfältig mit der Biografie des Autors und dem historischen Kontext eng verquickt. In gebotener Kürze wollen wir auf einige Berührungspunkte zwischen Leben und Werk eingehen. Ein erster Schreibimpuls liegt in Beckers Erfahrungen als Jude begründet. Zwar lehnt Becker es ab, sich als Jude zu verstehen. In seinem Aufsatz *Mein Judentum*[12] polemisiert er gegen willkürliche, zum Beispiel ethnische oder religiöse Zuordnungen, die ihn zum Juden machen; er verneint, dass es Merkmale gibt, die einen Menschen zum Juden stempeln. Aber sein Judesein ist unabhängig davon dennoch als ein Schlüssel zu seiner Person bzw. zu Teilen seines Werkes zu sehen. Nicht eigentlich die Tatsache jüdischer Herkunft bewegt ihn folglich zum Schreiben, sondern die Erfahrung, dass, wie er sagt, **schon so lästig oft über meinen Kopf hinweg entschieden wurde, was und wie ich bin: unter anderem eben Jude.**[13] Aus dieser tiefen Betroffenheit heraus, dass über ihn als Jude, der er nicht sein wollte, verfügt wurde, schreibt er die oben erwähnte Trilogie. Es ist die Perspektive des überall Fremden, der, obwohl er sich ständig um Anerkennung und Legitimation bemühen muss, doch der andere bleibt. Diese Erfahrung schärft den Blick, der von außen kommt.

Ein zweites Motiv findet sich in dem lebensgeschichtlichen Hintergrund des Autors. Becker wurde 1937 in Lodz geboren, wuchs zunächst dort im Ghetto, dann in den Konzentrationslagern Ravensbrück und Sachsenhausen auf. Fast seine gesamte Familie wurde in den KZs ermordet; nur er, sein Vater und eine Tante überlebten im KZ. Aus diesen Erfahrungen heraus wehrt er sich gegen jede Tendenz, den Faschismus zu verharmlosen: **Tut mir leid, aber von meiner Familie sind an die zwanzig Personen vergast oder erschlagen oder verhungert worden, irgendwie spielt das für mich noch eine Rolle.**[14] Becker kann sich später nicht mehr an seine Zeit im Ghetto und KZ erinnern; das Ghetto wird ihm eine **unsichtbare Stadt**[15] (vgl. Mat. 3). Erst eine Fotoausstellung über das Ghetto von Lodz habe ihn, so berichtet er, mit seiner Kindheit konfrontiert und ihm bewusst gemacht: **Ohne Erinnerung an die Kindheit zu sein, das ist, als wärst du verurteilt,**

ständig eine Kiste mit dir herumzuschleppen, deren Inhalt du nicht kennst.[16] Die Erinnerungsarbeit mithilfe der Bilder scheitert. Jedoch muss er versuchen, den Inhalt der **Kiste** kennen zu lernen, um mit sich ins Reine zu kommen. Dazu erfindet er, sieht allerdings die Gefahr, diese Erfindungen für reale Erinnerungen zu halten. Die Fotoausstellung führt ihn zu Fragen nach dem Wahrheitsgehalt des Dokumentarischen. Er erkennt, dass die Bilder einerseits eine Ordnung und geregelte Welt vortäuschen und sich andererseits nicht zu einem einheitlichen Bild zusammenfügen. Die Bilddokumente verfälschen die Ghettorealität; sie haben **etwas von der guten alten Zeit** und suggerieren, als sei es dort **wie unter Menschen**[17] zugegangen. Sein Erinnerungsversuch endet mit dem paradox anmutenden Resümee: **Ich möchte zu ihnen hinabsteigen und finde den Weg nicht.**[18] Der Autor will offensichtlich die Toten dem Vergessen entreißen, aber auch verhüten, dass ein falsches Bild über das Ghetto entsteht. Der Autor versucht, so könnte man das zweite Schreibmotiv erweitern, seine Zeitgenossen aufzuklären und Widerspruch anzumelden gegen eine zu kurz greifende und zur Formelhaftigkeit geronnene Erinnerungs- und Bewältigungskultur, die im Grunde den Faschismus verharmlost. In BECKERS Romanen *DER BOXER* und *BRONSTEINS KINDER* wird ein weiteres damit verbundenes Motiv des Erzählens erkennbar: nämlich das seelische Leiden der Überlebenden des Holocaust darzustellen, diesem einen Sinn zu geben. Der Vater des Ich-Erzählers in *BRONSTEINS KINDER*, ein Überlebender des KZ, hat mit einem Leidensgenossen einen KZ-Wächter gefangen genommen, aber überlebt die seelische Anspannung nicht, selbst Gerechtigkeit schaffen zu wollen. Der Vater zerbricht an dem peinigenden Dilemma, dem sinnlosen Sterben einen Sinn geben zu wollen, es aber nicht zu können. Der Erzähler bleibt ratlos zurück: **Jetzt rächte es sich, daß wir in der Vergangenheit immer nur über Leichtes gesprochen hatten, immer nur über Unverfängliches.**[19] Dieses Dilemma und die damit verbundene existenzielle Not beschreibt auch L. Begley eindringlich in seinem Roman *LÜGEN IN ZEITEN DES KRIEGES:*

> **In ihr [der *ÄNEIS* von Vergil, der Verf.] fand er zum ersten Mal literarisch ausgedrückt, was ihn quälte: die Scham, am Leben geblieben, mit heiler Haut, ohne Tätowierung davongekommen zu sein, während seine Verwandten und fast alle anderen im Feuer umgekommen waren, unter ihnen so viele, die das Überleben eher verdient hätten als gerade er [...] Unser Mann, Treibgut, untergetaucht und hochgespült, ausgelaugt und gestrandet, kann keine Bestimmung für sich erkennen.**[20]

Die Anregung zu seinem Ghettoroman erhält BECKER von seinem Vater, der ihm von einer tatsächlichen Begebenheit berichtet, und zwar von einem Helden, der in dem Ghetto von Lodz ein Radio gebastelt, bei Lebensgefahr abgehört, die Nachrichten über den russischen Vormarsch weitergegeben und so die Hoffnung wach gehalten habe. Der Mann sei an die Gestapo verraten und erschossen worden. In einem Interview kommentiert BECKER diese Begebenheit:

> **Ich fand auch, daß dieser Mann ein Held war, aber ich hatte keine Lust, über ihn zu schreiben; denn fast immer, wenn ich über diese Zeit gelesen habe, war von diesem Mann die Rede, über solche Menschen und über solche bewundernswerten Helden. Es schien mir unergiebig, noch einmal darüber zu schreiben.[21]**

BECKER verändert diese Vorlage in aufschlussreicher Weise: Das Radio in seiner Erzählung existiert nicht und die so genannten Radionachrichten sind meist erfunden, sind Lügen. BECKER will eben nicht über heroische Taten und Helden schreiben, wie der Bericht des Vaters ebenso wie die offizielle Literaturdoktrin und die literarischen Vorbilder (vgl. Bruno Apitz: *NACKT UNTER WÖLFEN*) es nahe gelegt hätten. Er grenzt sich von einem dogmatisch verhärteten Sozialismus ab, wenngleich er offensichtlich zunächst mit dem Gründungsmythos der DDR übereinstimmt, dessen Kern lautet, besonders konsequent und tief greifend den Faschismus bekämpft und bewältigt zu haben (vgl. Kapitel 6.3). Er ist Sozialist und zunächst bereit, an die Überlegenheit, Fortschrittlichkeit und Humanität dieses Systems zu glauben. Aber Differenzen sind von Anfang an da. JUREK BECKER fühlt sich nicht als **Sieger der Geschichte**, wie die SED propagiert. Wie viele andere kritische Intellektuelle sieht er es als seine Aufgabe an, nicht nur gegen die These einer beispielhaft gelungenen Vergangenheitsbewältigung in der DDR anzuschreiben, sondern sich auch gegen die Auffassung zu wenden, Literatur habe eine volkserzieherische Aufgabe. Das Verbot, über die Diktaturerfahrungen im eigenen Land zu schreiben, und das Gebot, eine optimistische sozialistische Perspektive zu vertreten, wird zunehmend, wenngleich zunächst verdeckt, kritisiert. Die beiden Diktaturerfahrungen drängen viele Schriftsteller wie JUREK BECKER zur engagierten Literatur, zumal sich in einem solchen Gesellschaftssystem der Blick für die politischen Implikationen der Literatur schärft. Aber BECKER grenzt seine Art, engagiert und kritisch zu schreiben, von einem parteioffiziell vorgegebenen Engagement ab, in welchem der Antifaschismus ebenso programmiert ist wie der Vorbildcharakter literarischer Helden. Ihn stört zunehmend diese Indienstnahme der Kunst, in der alles, auch das Ästhetische, dem Politischen unterzuordnen ist.

In seinen späteren Romanen, welche sich der Wirklichkeit des realen Sozialismus zuwenden, spiegelt sich die Kluft zwischen sozialistischer Idee und kleinbürgerlich autoritär-bürokratischer Wirklichkeit. Im Roman *IRREFÜHRUNG DER BEHÖRDEN* (1973) zeigt er, wie einem Studenten durch bedingungslose Anpassung an die Parteilinie eine Karriere gelingt. Im Roman *Schlaflose Tage* (1978) widersetzt sich ein Lehrer der Parteiideologie. Als Becker 1976 die Resolution gegen die Ausbürgerung Biermanns mit unterzeichnet und zur missliebigen, aus der Partei ausgeschlossenen Person wird, entscheidet er sich für den Westen, für Westberlin. Becker kann offensichtlich den Spagat zwischen seinem Protest gegen den real existierenden Sozialismus und seiner grundsätzlichen Befürwortung der sozialistischen Idee nicht mehr aushalten. Zu sehr wird die Eigenständigkeit der Kunst eingeschränkt und sie doktrinär in die Pflicht genommen. Becker sieht dagegen den ästhetischen Text auch als Gegenstück der Realität, nicht als Abbild; er sucht deshalb die ästhetische Innovation und den Anschluss an die Moderne. Rückblickend äußert er sich auch selbstkritisch:

> Die Erwartungen an diese Literatur waren eher politische als ästhetische. Es ist ein Unterschied zwischen der Arbeit eines Autors und der eines Widerstandskämpfers, aber im Kampfgetümmel DDR neigte man wohl dazu, beides miteinander zu verwechseln. Das ist mir auch passiert, nicht nur einmal.[22]

4 Rezeptionsästhetische Aspekte

Den Verstehensvorgang können Autor bzw. Erzählerfigur zum Beispiel durch eine mitgestaltete, also textimmanente Leserrolle mitsteuern. Der vorliegende Roman weist phasenweise eine dialogische Struktur auf: Der Leser wird zum direkt angesprochenen Kommunikationspartner des Erzählers. Dieser erzählt, Jakob vergleichbar, die Geschichte einer Hoffnung. Bereits die ersten Sätze des Romans beziehen den Leser ein. Der Erzähler stellt eine fiktive Gesprächssituation vor, greift mögliche Lesereinwände auf und antwortet eindringlich: **Ich höre schon sagen, ein Baum, was ist das schon, [...]. Alles falsch, sage ich dann, [...] ihr kommt doch nicht darauf** (7). Die Leser, mit ihren möglichen Lesereaktionen direkt und kameradschaftlich mit dem Pronomen **Ihr** angesprochen, werden zum Mitdenken angeleitet, und zwar unabhängig davon, dass der Erzähler einen enormen Wissensvorsprung hat. Indem mögliche bzw. erwartete Kommunikationsschwierigkeiten, zum Beispiel das Unverständnis gegenüber der Bedeutung von Bäumen, thematisiert werden, will der Erzähler ein naives ebenso wie ein voreingenommenes Lesen verhindern. Er wirbt um den Leser, wenn er beklagt, dass er bislang nicht die **richtigen Leute** getroffen habe. Aber jetzt, da er **alles sehr schön beieinander** habe, würden es **schon die richtigen Leute** (9) sein. Er lädt dazu ein, seine fertig gestellte Geschichte anzuhören, und treibt eine Art Spiel mit dem imaginierten Leser: **Na gut, es ist zwar ziemlich geistlos, aber wenn es dir solchen Spaß macht, spielen wir dieses alberne Spiel noch ein bißchen weiter, ganz wie du willst** (7). Der Erzähler wertet sein Erzählen über Bäume selbstironisch als **albernes Spiel**, bezieht seinen Leser somit in dieses Spiel ein, rechnet ihn vorübergehend der Wir-Gruppe zu und weckt seine Bereitschaft zuzuhören. Das plurale Wir (**Wir wollen jetzt ein bißchen schwätzen**, 24) bezieht sich im Roman einerseits auf den Leser, andererseits auf die Gruppe der Juden, gelegentlich gilt es auch den Deutschen. Die Übergänge zwischen den mit dem Pronomen **wir** angesprochenen Gruppen bleiben fließend.

Diese Gestaltung der Leserrolle sowie die Zeitform der Gegenwart, die für alle Zeitebenen gilt und alle Zeitebenen als gleichwertig behandelt, verringern den Abstand zwischen Leser und erzählter Welt. Dazu trägt der an mündliches Erzählen erinnernde Erzählton ebenfalls bei. In den Zwischenbetrachtungen des Erzählers jedoch, welche die Handlungsfolge unterbrechen, wird der Leser wiederholt mit der Problematik des Erzählens vertraut gemacht und zu einem reflektierenden Lesen angehalten. Diese uneindeutige, wechselnde Erzählerrolle beeinflusst das Leserverhalten. Einerseits steht der Erzähler außerhalb der fiktionalen Welt und gibt sein Erzählen als fiktiv preis. Andererseits gehört er als Figur auf der Handlungsebene zur erzählten Welt und veranlasst zu einem teilnehmenden Lesen. Dieser Wechsel zwischen einem angeblichen Real- und einem Fiktionalbewusstsein beim Erzähler zielt allerdings weniger auf den teilnehmenden als vielmehr den mitdenkenden Leser. Indem der Erzähler die Fiktionalität durchbricht und dabei über sein unzureichendes Wissen Auskunft gibt und Erfindungen eingesteht, gibt er zwar auf einer ersten Ebene den Eindruck des Authentischen auf, aber nur, um auf einer zweiten Ebene glaubwürdiger zu wirken. Indem er das Zustandekommen seiner Geschichte offen legt, lässt er dem realen Leser einen Freiraum, der ihm die Möglichkeit kritischer und mitgestaltender Lektüre bietet. Nur phasenweise, beim Rückzug des Erzählers bzw. der Vermischung von Figuren- und Erzählerstimme, wird der Leser zur unmittelbaren Anteilnahme, zum identifizierenden Lesen angehalten.

Dieses personale Erzählverhalten zielt darauf, den Abstand des Lesers zu verringern und ihn vorübergehend mitempfinden zu lassen. Aber durch den Wechsel zur eher auktorialen Einmischung des Erzählers wird eine eindeutige und dauerhafte Emotionalisierung des Lesers bzw. der Abbau einer Distanz zum Geschehen verhindert. Oberstes Ziel der Rezeptionslenkung dürfte sein, den Leser in einer Art Balance zwischen Identifikation und kritischem Abstand zu halten und den Eindruck der Glaubwürdigkeit des Erzählers zu verstärken; denn die Leser sollen wie der Erzähler und Autor an Jakob als Hoffnungsträger glauben. Die Rezeption wird weiterhin dadurch in besonderer Weise geprägt, dass der Normalleser mehr über die Gesamtsituation weiß als die Figuren. Er weiß, dass das Vernichtungswerk der Nazis gelang und Rettung in der Regel zu spät kam. Aus diesem Wissen heraus entwickelt sich eine Spannung zwischen der Kenntnis des Lesers und der fast lächerlich wirkenden Hoffnung der Figuren.

5 Hauptteil

5.1 Thematik

Die Anregung zum Roman erhielt BECKER, wie dargelegt, von seinem Vater und er veränderte diese Vorgabe in bezeichnender Weise (vgl. S. 13). Gerade diese Veränderung ermöglicht es dem Autor, seiner Geschichte zusätzliche Bedeutungsbereiche zu erschließen. Die thematische Struktur erweist sich als komplex. Beginnen wir beim Titel. Häufig deuten Titel bereits auf den thematischen Kern, verweisen auf das Romankonzept, so zum Beispiel bei FRISCHS *HOMO FABER* oder BÖLLS *ANSICHTEN EINES CLOWNS*. Der Titel *JAKOB DER LÜGNER* deutet sowohl ein ethisches Problem an, eben das von Wahrheit und Lüge, als auch eher indirekt ein ästhetisches Problem, das der Fiktionalität.[23] Jakob wird zum Lügner, weil er für eine zutreffende Nachricht ein Radio vortäuscht, vortäuschen muss, damit ihm geglaubt wird, und weil er von da an seine Nachrichten nicht nur erfinden, sondern auch beglaubigen muss. Aber seine Lügen entspringen ethischen Motiven und sind, ohne dass dies jemand im Ghetto erkennen kann, nicht weit von der historischen Wirklichkeit entfernt.

Damit unterscheidet sich die Lüge Jakobs in grundlegender Weise vom diffamierenden Stereotyp des lügenden Juden[24] ebenso wie von der zur Macht gekommenen Lüge der Nazis, deren Herrschaftssystem und Ideologie mitsamt den Ghettos und KZs auf maßloser Lüge beruhen. Der Legitimationsanspruch zum Beispiel, der ihrer Herrschaft und ihrem Handeln zugrunde liegt, die arische Rasse rein zu halten und Deutschlands Zukunft zu sichern, erweist sich als verbrecherische Lüge; ebenso wie die Rede vom **Untermenschen**, vom **lebensunwerten Leben**, vom Juden als einem **Ungeziefer**, wie die Verschleierung des Völkermordes durch Worte wie **Endlösung, Konzentrationslager, Ghetto**. Im Ghetto der Nazis wird eine Welt des Normalen, des geordneten und geregelten Lebens vorgetäuscht, indem Selbstverwaltungsrechte (eigene Ordnungsorgane, Post, Gerichtsbarkeit etc.) gewährt werden (vgl. Mat. 1). In Wirklichkeit bedeutet Ghetto eine radikale Entmenschlichung und planmäßige Vernichtung. Für die Opfer verlangt diese Zeit, wie auch der Roman von BEGLEY, *LÜGEN IN ZEITEN DES KRIEGES*, zeigt, ständig die Unwahrheit zu sagen. Die Lüge wird zu einer Überlebenshilfe in einer Lügenwelt, zu einer winzigen Möglichkeit einer Korrektur der verbrecherischen Welt. Das semantische Feld ›Lüge‹ enthält zwei gegensätzliche Komponenten: hier die eigentliche Bedeutung im Sinne von Unwahrheit und Verrat, dort die neue Bedeutung, Menschlichkeit zu sichern und überleben zu können. Die Lüge repräsentiert Möglichkeiten der Sprache, sich in einer verbrecherischen Welt menschlich zu behaupten, das Bewusstsein zu verändern und damit der Realität trotzen zu können. Der Dichter, der erfindet und damit ›lügt‹, so Wolfgang Kayser in seinem Buch *Die Wahrheit der Dichter*, nutzt die **staats- und sittengefährliche Lügenhaftigkeit**[25], um die Wahrheit zu sagen. Diese Kunst der Lüge hilft im Ghetto, sich gegen die Übermacht subversiv zu wehren. Diese Verknüpfung des ethischen und ästhetischen Aspektes führt zum thematischen Kern des Romans. Erzählt wird von einem Leben außerhalb jeder menschlichen Gesittung, von einem Verlust aller menschlichen Maßstäbe und Werte, von einem Überlebenskampf und einem vollkommen sinnlosen Töten. Aber erzählt wird auch von einem von Angst gepeinigten Durchschnittsmenschen, der dennoch den Ghettobewohnern, aber auch den heutigen Lesern mit seinen Geschichten Hoffnung zu geben vermag.

5.2 Raum- und Zeitgestaltung

Im Roman werden drei Räume entworfen, die unterschiedlicher kaum sein könnten: der Ghettoraum, dann der Raum der deutschen Täter sowie der Raum des Erzählers in der Erzählgegenwart. Die drei Schauplätze stehen zueinander in scharfem Kontrast bzw. in deutlicher Wechselwirkung – im Sinne der Erzählabsicht. Der Ghettoraum wird beherrscht und eingegrenzt durch den Raum der Täter, die das Ghetto einrichten und kontrollieren. Der Nachkriegsraum wird, deutlicher als beide anderen Räume, durch den Erzähler konstituiert und nur gesehen unter dem Aspekt der Reaktion auf die beiden ersten Räume.

Der Ghettoraum in diesem Roman ist, im Vergleich zu Räumen anderer Erzählungen, ungewöhnlich geschlossen und begrenzt. Er erinnert in der hermetischen Abgeschlossenheit sowie der kalten Logik der Vernichtung, die absurd wirkt, an das in Kafkas *Strafkolonie* dargestellte unmenschliche Strafverfahren; bei Kafka ist die Schuld zweifellos und der Angeklagte muss sich mit ihr identifizieren. Vergleichbar ist die Situation im Ghettoraum. Historische Vorlage ist das 1941 eingerichtete Ghetto von Lodz, von den Nazis Litzmannstadt genannt. In ihm hat der Autor als Kind gelebt und hier hat er nach dem Kriege recherchiert. Ein Historiker schreibt über dieses und andere Ghettos:

> **Die Lebensbedingungen in den überfüllten Ghettos waren durch katastrophale hygienische Verhältnisse, Seuchen, Unterernährung, aber auch durch spontane Überfälle der Besatzer und durch hohe Sterblichkeit gekennzeichnet. Die Verhältnisse in den Ghettos entsprachen damit in vielerlei Hinsicht bereits denjenigen in den Konzentrationslagern. [...] Von Anfang an zeigte**

> **es sich, daß diese Räumungsaktionen mit äußerster Brutalität vorgenommen wurden: An Ort und Stelle erfolgte eine *Selektion* der Opfer, nach der Bettlägrige, gehbehinderte Personen und Kleinstkinder – zum Teil in Massenexekutionen – getötet wurden, während dringend benötigte spezialisierte Arbeitskräfte zunächst häufig verschont blieben.**[26]

Auf den ersten Blick entspricht der erzählte Raum nicht dieser Realität, scheint auch wenig der Strafkolonie KAFKAS zu ähneln, sondern erscheint in freundlicherem Licht. Aber diese vordergründige Sicht gewinnt bald Tiefenschärfe und der Leser erkennt auch hier die unmenschliche Logik der Vernichtung. Die Realitätselemente des erzählten Raumes entsprechen jedoch der historischen Realität: Auf der topografischen Ebene sind es die Elemente Stacheldraht, Mauer, Maschinengewehre, Wachtürme, Posten, auf einer nächsten Ebene das Verbot von Uhren, Zeitungen, Büchern, Tieren und Bäumen sowie auf einer weiteren Ebene Menschenverachtung, Unterdrückung, Hunger, Zwangsarbeit, Todesangst und Transporte in die Vernichtungslager. Während in vielen anderen Erzähltexten Handlung dadurch in Gang kommt, dass Figuren ihren Raum in freier Entscheidung verlassen und einen anderen Raum betreten, gibt es innerhalb des Ghettos diese Art Veränderung und Entwicklung nicht; ein Verlassen des Raumes bedeutet den sicheren Tod. Jakob überlebt sein Überschreiten der Ghetto-Grenze, so in der Revier- und Kloepisode, nur zufällig. Es ergibt sich die paradoxe Situation, dass das Ghetto Leben bedeutet, allerdings ein Leben auf Abruf. Sogar der Raum des Bewusstseins wird kontrolliert, indem jede Verbindung zur normalen Welt, ermöglicht z. B. durch Zeitangaben und Nachrichten, verhindert wird. Die Raumelemente dringen tief in das Denken und Empfinden der Menschen ein und ersticken die Hoffnung auf die Zukunft. Der Mensch, zum jederzeit verfügbaren Objekt erniedrigt, kann keinen Sinn mehr im Weiterleben sehen. Dabei ist das Ghetto ein **künstlich**, d. h. ein von Menschen geschaffener Raum. Er verliert damit den Charakter des So-und-nicht-anders-Seins, wie es zum Beispiel der feindliche Naturraum sein kann.

Der Gegenraum des Feindes, also zum Beispiel das Revier der Deutschen ebenso wie die Welt außerhalb des Ghettos, wird nur angedeutet. Der weitgehende Verzicht auf eine eigenwertige Darstellung kann einerseits durch die Erzählerposition, andererseits durch den Erzählerwillen erklärt werden, der Täterwelt keine eigenständige Bedeutung zuzugestehen.[27]

Die wenigen Raumelemente, die den feindlichen Raum der deutschen Bewacher kennzeichnen, decken sich, mit umgekehrten Vorzeichen, zunächst mit denen der Ghettowelt. Das heißt, Elemente wie Stacheldraht und Maschinenpistole sind jetzt Zeichen uneingeschränkter Macht, einer Macht über Leben und Tod.

Der Raum ist zunächst nicht fiktiv entworfen in dem Sinne, dass eine eigene Welt konstituiert wird, sondern erkennbar auf die Wirklichkeit bezogen. Aber es reicht nicht, den Raum und die Zeit realgeschichtlich zu rezipieren. Zwar engt der genannte Realitätsgehalt die Möglichkeiten fiktionalen Erzählens ein, aber auch ein fiktionaler Text wie dieser will grundsätzlich anders gelesen werden als ein historisches Dokument. Der Erzähler treibt ein Spiel mit der Fiktionaliät, wie zu zeigen sein wird, und Realitätselemente werden aufgelöst bzw. zur textimmanenten, fiktionalisierten Realität.

Ein Ghetto der Nazis ist in Wirklichkeit die Hölle, bedeutet das absolut Unmenschliche. Unmenschlich ist zum Beispiel die Verneinung des selbstverständlichen und alltäglichen Lebens. Ein System von Verordnungen und Selbstverwaltungseinrichtungen scheint Normalität und Ordnung zu gewähren. Aber diese Ordnung ist im doppelten Sinn pervertiert, zum einen durch die Gewaltherrschaft der SS, von der jede jüdische Einrichtung im Ghetto abhängig ist, zum anderen durch das ganz Osteuropa betreffende Umsiedlungs- und Vernichtsprogramm der Nazis. Ein weiteres Indiz für Normalität scheint zu sein, dass sich die Juden in dem Raum der Anormalität *normal* einrichten, um weiterleben zu können. Beim Überlebenskampf helfen überlieferte Lebensgewohnheiten. Auch im Angesicht des Todes gibt es noch Reste einer Schtetl-Ordnung. Als Schtetl bezeichnen wir osteuropäische Kleinstadtgemeinden mit einer jüdischen Bevölkerungsmehrheit. In diesen Gemeinden gab es ein intensives Gemeindeleben, um den Markt und die Synagoge konzentriert. Abgesondert von der nichtjüdischen Umwelt hatte sich hier eine Solidargemeinschaft entwickelt, in der die Gemeinsamkeiten Vorrang vor der Wahrung der Privatsphäre hatten. Obgleich nach der Ghettobildung durch die Nazis viele fremde Juden in diese Schtetl-Welt hineingezwungen werden, zeigen sich noch deutliche Spuren der alten Lebensweise. Bezeichnend ist Kowalskis Gedanke: **Gehst mal auf ein Schwätzchen zu Jakob, [...]. Soll man nicht langsam wieder anfangen, sich an was Normales zu gewöhnen?** (121) Zu dieser vorgetäuschten Normalität, zu diesen vertrauten Gewohnheiten der Schtetl-Welt verhilft erst Jakob mit seinen Geschichten. Die Juden dieser Welt sprechen ihre eigene Sprache, die ein westeuropäischer Jude kaum versteht, und handeln auch im Sinne der früheren Solidargemeinschaft.

Nur dieser Anschein der Normalität erlaubt ihnen weiterzuleben. Für die Opfer hat sich die Situation ebenso *normalisiert* wie, auf völlig andere Weise, für die Täter; beide Gruppen passen sich den Raumgegebenheiten an und leben nicht nur im Bewusstsein des Ungeheuerlichen. Die Opfer wollen überleben, die Täter nicht im Bewusstsein ihrer Schuld leben. Dieser Anschein von Normalität, der offensichtlich jedes Ghettoleben charakterisiert, wird im Roman zu einer Beinahe-Normalität weiterentwickelt. Der Vergleich mit anderen Ghettoromanen wie z. B. HILSENRATHS *NACHT*[28] zeigt, wie in unserem Roman Menschen einen Rest von Würde behalten können. Zunächst deutet sich dieses Empfinden von Normalität im Bewusstsein der Figuren an, so bei Jakobs Reaktionen auf sein Revier-Erlebnis, so bei der Einstellung zu den deutschen Wachen: **Die Wachen benehmen sich ganz normal, sie schreien oder dösen oder stoßen wie immer** (67). Diese Art von Normalität spiegelt sich nicht nur im Bewusstseinsraum der Figuren, sondern kennzeichnet auch die Erzählerstrategie: Zumindest im ersten Teil des Romans werden Verbrechen in den Hintergrund, oft in den Nebensatz verbannt, um das menschliche Miteinander der Opfer zeigen zu können. Jakobs Nachrichten eröffnen zudem einen Freiraum; die Enge des Raumes wird durch die Kraft der Fantasie aufgebrochen: Churchill im Westen und die vordringenden Russen im Osten werden in der Vorstellung zu Hoffnung gebenden neuen Raumfaktoren.

Zum dritten Raum: Der Raum des Nachkriegsdeutschland wird ebenfalls auf wenige signifikante Elemente reduziert. Der Erzähler beschreibt eine Welt der freundlichen Räume – **die Umgebung ist einzigartig, die Parks sind gepflegt** (25) – und das Bewusstsein der Menschen ist geprägt von Lebensfreude getreu dem Motto **gelebt wird nur einmal** (24). Der Kontrast zur Ghettowelt könnte schärfer und für die Überlebenden der Lager quälender nicht sein. Mehr über diesen Raum erfahren wir aus Rede und Gegenrede der Figuren: hier der vom Erzähler erwartete Raum, dort der von den Figuren repräsentierte Raum. Aus diesem Gegensatz der Raumvorstellungen ergeben sich die Konflikte auf der Ebene der Erzählergegenwart.

Wenden wir uns der Zeitgestaltung zu, weniger im Sinne einer zeitlichen Sukzessivität (vgl. Kapitel 5.4.1), sondern im Sinne einer inneren Zeit, einer Zeit des Bewusstseins. Der Leser gewinnt zwar eine allgemeine, nicht aber sehr präzise Vorstellung des zeitlichen und räumlichen Handlungszusammenhangs. Mit den sparsamen und zudem vage bleibenden Zeitangaben wie z. B. **heute, dann** sowie der Zeitform des Präsens für alle Zeitebenen wird die zeitliche Ordnung wenig konturiert und sie gewinnt kaum Tiefendimension. Die Zeit im Ghetto ist geprägt von der stumpfen Gewöhnung an den Terror und der unbestimmten, oft verdrängten Angst an das Ende der Zeit, an die Vernichtung im KZ. Die Ghetto-Zeit hat wenig zu tun mit der messbaren Zeit, sondern fließt im Gleichmaß der alltäglichen Zwangsarbeit, des alltäglichen Hungers und des drohenden Todes. Die gegliederte und messbare Zeit, von der SS okkupiert, ist den Juden fremd geworden; sie ist die Zeit der Unterdrücker.

Aber die innere Zeit des Bewusstseins verändert sich, inspiriert durch

Jakobs Nachrichten. Die Zeitvorstellung einer dumpfen und gleichförmigen Wiederkehr des Elends kann zurückgedrängt und eine Zeitperspektive geöffnet werden. Jakob selbst will bewusster beobachten, um hinterher berichten zu können. Denn es gibt jetzt wieder ein Hinterher (vgl. 36). Indem man an die Vergangenheit erinnern und für die Zukunft planen kann, gewinnt diese innere Zeit große Bedeutung für das Weiterleben.

> **Alte Schulden beginnen eine Rolle zu spielen, verlegen werden sie angemahnt, Töchter verwandeln sich in Bräute, in der Woche vor dem Neujahrsfest soll Hochzeit gehalten werden, die Leute sind vollkommen verrückt, die Selbstmordziffern sinken auf Null. (83)**

5.3 Figuren: Merkmale und Konstellation

5.3.1 Vorbemerkung

Auf einige Besonderheiten der Figurengestaltung sei zunächst verwiesen. Zunächst sind zwar alle Figuren fiktionalisiert, aber den Figuren der realen Welt in ihrem Verhalten, ihren Motiven und Denkweisen stark angenähert. Sodann stehen sich zwei Personengruppen in einem bislang in der Literatur weitgehend unbekannten Antagonismus gegenüber: hier die Herrenmenschen, dort die für lebensunwert gehaltenen Untermenschen. Diese Konfiguration bedingt das Handeln und Denken aller Figuren und strukturiert den Aufbau der erzählten Welt. Zu fragen ist, wie der Autor diese beiden Gruppen einander zuordnet, wie er seine Aufmerksamkeit zwischen ihnen aufteilt, welche Figuren er heraushebt, welche Denk-, Verhaltens- und Gefühlsweisen er schildert.

Aus der unübersehbar großen Zahl an Ghettobewohnern (vgl. Mat. 1) und deutschen Tätern muss er jeweils einen überschaubaren und signifikant wirkenden Personenkreis, also unterschiedliche Charaktere, auswählen, sodass ein Gesamtbild der Juden und Deutschen entsteht und der erzählte Raum individuell konturiert ist. Die deutschen Täter bleiben allerdings am Rande des Geschehens und werden stärker typisiert; sie sind zwar Herren über Leben und Tod, werden aber in der Erzählkonzeption zu Nebenfiguren. Nur die Opfer gewinnen individuelle Konturen, sofern der Leidensdruck und die Todesgefahr Individualität überhaupt zulassen. Trotz unmenschlicher Behandlung lässt der Autor ihnen einen bedeutsamen Rest an menschlicher Würde. Es gelingt ihm aber vornehmlich nur dadurch, dass er das Vernichtungssystem in den Hintergrund rückt, dass er, wie dargelegt, einen Möglichkeitsraum schafft und auf Heroisierung ebenso wie auf Dämonisierung der Personen verzichtet. Andere Ghettoromane, zum Beispiel HILSENRATHS *NACHT*, schildern dagegen in zugespitzt realistischer bis grotesker Manier die Entmenschlichung und Barbarisierung in einem Ghetto. BECKERS Roman lässt den Figuren einen, wenngleich ständig bedrohten und unsicheren, Privatraum. Aus dem ausgewählten Figurenensemble der Juden ragt die Titelfigur Jakob hervor, eine unauffällige Durchschnittsfigur; aber **ein verrückter Zufall hat aus einem Gleichen einen Besonderen gemacht** (133). Baumgart bezeichnet die Hervorhebung eines Einzelnen in der Literatur als problematisch, da sich Leser so sehr mit dem Helden verbünden, dass es nur noch auf diesen ankommt und die anderen gleichgültig werden: **Wo Massenmord ihr Gegenstand wird, kann sie sich den Luxus solcher Individuation nicht mehr leisten. Es wird ästhetisch zur Lüge, moralisch zur Heuchelei.**[29] Dieser Gefahr versucht BECKER dadurch zu begegnen, dass er seine Figuren aus ironischer Distanz zeigt, dass der **kleine, unwichtige, zitternde Jakob Heym** (20) zur Hauptfigur wird. Seine Entscheidung, Individuation zuzulassen, hat zu tun mit seiner Absicht, Menschlichkeit darzustellen.

5.3.2 Die Gruppe der Juden

Die Juden des Ghettos leben im Bewusstsein, sich in einem Zwischenlager des Todes aufzuhalten. Dennoch verhalten sie sich, auf den ersten Blick, normal und zeigen banal anmutende menschliche Schwächen. Sie handeln eigennützig, von Alltagssorgen geprägt, sind neugierig und schwatzhaft, gelegentlich hilfsbereit, aber auch nachtragend. Eine Alltagswelt, flüchtig betrachtet, kaum des Erzählens wert. Alle arbeiten unter härtesten Bedingungen als Zwangsarbeiter, hungern und frieren, sind dem Tode nahe, aber erdulden passiv das Elend. Der Erzähler klagt: **Kein einziger gerechter Schuß hat sich gelöst, Ruhe und Ordnung sind streng gewahrt worden, nichts von Widerstand** (98). Aber hier urteilt der Erzähler überraschend bitter und scharf. Denn nicht alle nehmen die Erniedrigung hin: Jakobs Radionachrichten, Herschel Schtamms Tröstung der Waggoninsassen, Professor Kirschbaums Selbstmord und das Auftreten seiner Schwester sind als Formen passiven Widerstandes zu begreifen. Unter dem Druck der Todesgefahr im Ghetto muss jeder eine Überlebensstrategie entwickeln: Also versucht jeder, sich anzupassen und zu leben, als sei Alltag. Zur Strategie des Überlebens gehören auch Verstellung und Täuschung, zum Beispiel die schwer zu erklärende Einstellung eines Abstand-nehmen-Könnens, die an die Figur des Schwejk erinnert. Man steckt die **üblichen Schläge** (68) ein, registriert beiläufig einen neuen deutschen Posten: **Er schlägt noch wenig** (74). Aber unter der Oberfläche des Alltäglichen und unter der Maske der Verstellung herrschen Angst und Ohnmacht und allen wird immer wieder die Ausnahmesituation bewusst, sobald die Deutschen auftauchen.

Die Rückblicke auf die Vor-Ghetto-Zeit sowie die Zukunftsträume der Personen (vgl. 69) veranschaulichen, was eigentlich Normalität ist. Die Freunde Jakob Heym und Kowalski erzählen wiederholt von diesen normalen Zeiten. Diese werden keineswegs idealisiert, sondern menschliche Unzulänglichkeiten herrschten vor; Kowalski vertrieb Haarwasser, das nichts taugte (72), Jakob verkaufte ohne Lizenz Schnaps (39) und scheute vor einem kleinen Meineid nicht zurück, um eine Art höhere Gerechtigkeit zu bewirken (vgl. 130 f.). Diese kleinen Betrügereien, die kaum jemandem ernsthaft wehtun, gehörten damals wie heute zu dieser Lebenswelt, die ein assimilierter deutscher Jude wie Schmidt nicht begreifen kann. In der Solidargemeinschaft des Schtetl gab es schützende Spielregeln (vgl. Kapitel 5.2), die jetzt ein wenig helfen, das Leben im Ghetto zu erleichtern.

5.3.3 Die Hauptfigur Jakob

Jakob wird durch Zufall zur Hauptfigur, nachdem das Ghetto bereits drei Jahre existierte. Er hört im deutschen Revier eine Rundfunkmeldung von der vorrückenden Sowjetarmee. Aber er kann die gute Nachricht nicht weitergeben, weil noch nie jemand lebend dem Revier entkommen ist und er deshalb als deutscher Spion gelten würde. Also muss er zur Lüge greifen, genauer gesagt: Bei der Rettungsaktion gegenüber Mischa nimmt dieser die Wahrheit nicht ernst, sondern erst die Radiolüge. Damit wächst eine Durchschnittsperson mit einer belanglosen Biografie und unauffälligen Merkmalen zur Zentralfigur heran. Einen ersten Hinweis auf diese Rolle Jakobs könnte vielleicht sein Name geben: Der biblische Jakob aus dem Alten Testament belügt seinen Vater, betrügt seinen Bruder Esau, haut seinen Onkel übers Ohr, missbraucht den Namen Gottes. Aber er ist auch ein Mann, mit dem sich Gott auf einen nächtlichen Ringkampf einlässt. Gott gibt Jakob seinen neuen Namen **Israel** und auf ihn gründet sich das Volk Israels. Die biblische Figur vereinigt bereits die sich widersprechenden Elemente: die Lüge und die Rolle als Hoffnungsträger. Es ist aber nicht nur der Zufall, der Jakob hervorhebt, sondern auch ein Wesenszug, nämlich seine Bereitschaft zu helfen. Er lügt, als die Situation für die Juden immer bedrohlicher wird und die Menschen zu zerbrechen drohen, um sie aufzurichten. Diese Lüge aus uneigennützigen Motiven widerspricht dem stereotypen Vorurteil vom lügenden Juden, denn er lügt, um Hoffnung und Lebensmut zu geben. Aus Kowalskis Sicht ist Jakob bereits vor der Ghettozeit **so etwas Ähnliches wie ein Seelentröster** (250), weil die Welt nach einem Besuch bei ihm **ein kleines bißchen rosiger ausgesehen hat**, weil er **eine Kleinigkeit überzeugender als andere ›Kopf hoch‹ sagen konnte** (250). Jakob riskiert zudem sein Leben, da er sich nicht an die Gesetze der Deutschen hält, als er die achtjährige Lina versteckt hält und als sein Kind annimmt. Seine Lüge, die zunächst nur darin besteht, dass er Mischa über die Quelle der Nachricht täuschen muss, um dessen Leben zu retten, verändert das Leben im Ghetto und seine Rolle dort.

Jakobs erste Tat (Analysebeispiel)

Untersuchen wir die Episode, die zeigt, wie Jakob zu seiner Rolle findet. Diese Textpassage wird szenisch breit entfaltet und weitgehend aus der Perspektive Jakobs, aber auch aus Mischas Sicht erzählt, zwischen Erzählerbericht und Formen der Personenrede wechselnd. Auf diese Weise erhält die Szene ihren Spannungsaufbau und eine ausgeprägt rhythmische Struktur. Die Spannung ergibt sich aus Mischas selbstmörderischem Versuch, Kartoffeln aus einem Waggon zu stehlen, und den verzweifelter werdenden Anstrengungen Jakobs, ihn daran zu hindern. Mischa überhört dessen Warnungen und Jakob erzählt ihm in seiner Not von der nahenden Rettung durch die sowjetische Armee. Aber Mischa lässt sich von den offensichtlich durchschaubaren Ablenkungsmanövern nicht umstimmen. Er nimmt die sensationelle Nachricht zwar im Wortlaut, nicht jedoch in ihrer Bedeutung wahr. Aus Mischas Sicht fehlen dem Satz **Die Russen sind zwanzig Kilometer vor Bezanika!** (30) alle Voraussetzungen, ernst genommen zu werden. Seine Antwort **Das ist nett von dir, Jakob** (30) signalisiert sowohl durch die floskelhaft wirkende Redeweise als auch durch das farblose Adjektiv **nett**, das später zu der Redewendung **schon gut** (31) abgewandelt wird, dass Mischa die Nachricht als eine gut gemeinte Lüge abtut. Im inneren Monolog Jakobs wird dessen Ärger über diesen **Idioten**, diese **Rotznase** sowie über seine sich selbst auferlegte Rolle, **Glaubwürdigkeit nachweisen** (30) zu müssen, verdeutlicht. Hier klingt bereits das Leitmotiv der Glaubwürdigkeit an, um die sich Jakob sowie der Erzähler ständig bemühen müssen. In seiner Not erzählt Jakob **in einer Kurzfassung** das im Revier Erlebte, die Wahrheit also, die ihn als Spion der Deutschen verdächtig macht. Er weiß, dass er das Unglaubliche erklären muss: Der Wachhabende muss **ein Mensch** gewesen sein **und darum ein schwaches Glied in einer ansonsten logischen Beweiskette** (31). Auch diese bezeichnende Deutung des Unwahrscheinlichen, dass ein Jude von Deutschen nicht **wie Ungeziefer** zertreten, sondern fast wie ein Mensch behandelt wurde, beeindruckt Mischa keineswegs. Er hält diese Geschichte von Menschlichkeit bei den Deutschen für ein Märchen, vermutlich aus dem Grund, weil er an das Unwahrscheinliche menschlichen Verhaltens im Revier nicht glauben kann. Sein Interesse gilt so ausschließlich dem Waggon mit Kartoffeln, dass Jakob ihn mit einem dritten Versuch festzuhalten versucht. Nachdem Mischa Jakobs Bemühungen ignoriert hat, greift Jakob zu einer letzten verzweifelten Möglichkeit, zur Lüge: **Ich habe ein Radio!** (32) Erst mit dieser Aussage erzielt er einen durchschlagenden Erfolg. Die Bedeutung dieser Passage wird dadurch unterstrichen, dass jetzt der Erzähler eingreift und von seiner höheren Warte aus kommentiert: **Jakob hat geschossen und ins Herz getroffen. Ein Glücksschuß, von der Hüfte und ohne richtig gezielt zu haben, und doch hat er getroffen** (32). Für

Mischa hat sich die Welt so entscheidend verändert, wie sie sich für die anderen Ghettobewohner ändern wird, wenn sie von Jakobs Radio hören. **Mischa lächelt glücklich mit seinen Augen wie ein Goj, so hat ihn Jakob zugerichtet** (32). Der Hinweis auf den glücklichen Gesichtsausdruck, das Vergessen der vorher lebenswichtigen Kartoffeln sowie die ungewöhnliche Verbform **zugerichtet** zeigen, wie tief, fast schon gewaltsam Jakobs Satz getroffen hat, wie sich in einer Sekunde das Lebensgefühl radikal verändert hat. Deutlich wird in der unangemessen wirkenden Metaphorik des Schießens und Treffens sowie in der übertreibenden Ausdrucksweise die ironische Gegenperspektive des Erzählers, der dieser Szene damit dramatische Spannung entzieht. Aber vorrangig zielt diese Darstellung darauf, den plötzlich erwachenden Lebenswillen Mischas hervorzuheben, wie er sich in der leitmotivischen Wendung **ganz plötzlich ist morgen auch noch ein Tag** (32) spiegelt. Nachrichten, die eine auch noch so ungewisse Hoffnung ermöglichen, sind lebenswichtiger als jede Nahrung. Aber Jakob, **noch wütender als vorhin**, denkt zunächst über seine **verantwortungslosen Behauptungen** nach und will Mischa **höchstens in einer Stunde** die Wahrheit sagen, **soll er sich noch ein paar Minuten unbekümmert freuen** (32). Aber die Radiolüge verändert auch Jakob nach einigen Stunden: [...] **der Junge hat ja recht mit seiner Freude, wie soll er sich nicht freuen, nach allem, was passiert ist (35). Seine Sinne sind plötzlich viel wacher, [...] nichts mehr von der Dumpfheit, es ist jetzt, als müßte man sich alles genau einprägen, um hinterher darüber berichten zu können. Hinterher.** (35 f.)

Offensichtlich glaubt Jakob erst jetzt, da er die Hoffnung mit Mischa teilen kann, an die Radiomeldung und gewinnt auch neue Lebenszuversicht. Von Stund an ist Jakob jedenfalls der geheime Mittelpunkt im Ghetto, denn Mischa schweigt nicht wie versprochen. Aber diese neue Rolle fordert ihn in unerwarteter Weise.

Seine Gedanken zeigen, dass er diese neue Rolle keineswegs nur genießt:

> **Sie benehmen sich wie die Kinder, sie schwirren um einen herum wie die Ausgehlustigen um die Litfaßsäule, wenn nicht ein Wunder geschieht, wird es höchstens noch Stunden dauern, bis die Posten etwas merken. So einen Andrang wünschte man sich in geregelten Zeiten, [...]. Aber da macht ihr euch selten, da muß man jeden von euch behandeln wie einen König, sonst geht ihr und kommt nicht wieder, und jetzt behandelt ihr einen selbst wie einen König und geht nicht und kommt immer wieder, man brauchte eine Leibwache gegen euch.** (70)

Sehr nüchtern, kritisch und ironisch vergleicht Jakob seine frühere und jetzige Stellung im Ghetto; bislang als Ladenbesitzer auf die anderen angewiesen, sieht er sich als König, der eine Leibgarde braucht, um sich vor seinen Anhängern zu schützen. Jakob besitzt für die anderen ein Nachrichtenmonopol und für sie ist er jetzt **ein König**, ein **Glückspilz, ein Auserwählter, alles reißt sich um ihn** [...], **der eine direkte Leitung zum lieben Gott hat** (69). Er nimmt seine neue Rolle voller Bedenken und Skrupel an und merkt bestürzt, dass er bald schon nicht mehr Herr seiner Radiomeldungen ist, dass diese sich verselbstständigen: **Das Feuer ist nicht mehr aufzuhalten** (42). Seine Einstellung ist zwiespältig. Einerseits ist er erleichtert, als eine Stromsperre Nachrichten verhindert, und er täuscht einen Radiodefekt vor, nur um keine Nachrichten erfinden zu müssen. Andererseits erkennt er voller Genugtuung, wie seine Nachrichten die Realität im Ghetto verändern:

> **Das ist es wert, die Hoffnung darf nicht einschlafen, sonst werden sie nicht überleben, er weiß genau, daß die Russen auf dem Vormarsch sind, er hat es mit den eigenen Ohren gehört, und wenn es einen Gott im Himmel gibt, dann müssen sie auch bis zu uns kommen, und wenn es keinen gibt, dann müssen sie auch bis zu uns kommen, und möglichst viele Überlebende müssen sie antreffen, das ist es wert.** [...] **Bloß es muß ihm genug einfallen, sie werden immer neue Fragen stellen, sie werden Einzelheiten wissen wollen, nicht nur Kilometerzahlen, er muß die Antworten erfinden. Hoffentlich macht der Kopf mit, Erfinden ist nicht jedermanns Sache** [...]. (75)

Jakob entdeckt die neuen Möglichkeiten auch an sich selbst. Er sieht zum Beispiel den deutschen Posten mit anderen Augen und denkt, dieser **könnte einem fast leid tun** (35). Er gewinnt die innere Freiheit, sich ein **unschuldiges Spielchen** (36) mit dem Posten auszudenken: Er nimmt ihm beim Vorübergehen die Sonne weg. Jakobs Geschichten geben also nicht nur Hoffnung auf ein **Hinterher**, sondern sie verändern die Realität für die Ghettobewohner insofern, als sie Abstand und eine innere Freiheit ermöglichen, einen Abstand, der sogar ein Spielchen mit dem deutschen Posten erlaubt. Zu dieser neu gewonnenen inneren Freiheit gehört auch eine ironische Haltung gegenüber dem übermächtigen Feind:

> **Wir stellen uns in einer Reihe auf** [...]. **Es muß aussehen, als hätten wir im Moment gar keinen Appetit, schon wieder dieses Essen, kaum hat man sich richtig eingearbeitet, wird man schon wieder unterbrochen durch eine der vielen Mahlzeiten.** (37)

Diese Fähigkeit, angesichts des Hungerns über zu reichliche Mahlzeiten spotten zu können, verdeutlicht das veränderte Bewusstsein im Ghetto.

Aber erst später, nach Herschel Schtamms Ermordung, bekennt sich Jakob eindeutig zu seiner Rolle als Hoffnungsspender. Mit den Worten des Erzählers: Jakob will **den Juden ein wenig von der Haltung** geben, mit der er **zur Arbeit geht, gehobenen Herzens** (152). Jakobs Radiolüge erinnert an eine Begebenheit, die Ruth Klüger in ihrem Lebensbericht *WEITER LEBEN* erzählt. Deren Reflexionen erhellen, wie sich das Gute und Böse im Lager ereignen. KLÜGER erzählt von einer jungen Frau, die als Häftling einem SS-Mann bei der Selektion assistiert. Diese rettet sie vor dem sicheren Tod, indem sie ihr zuflüstert, sie solle ihr Alter mit 15 statt mit 13 Jahren angeben. Der SS-Mann glaubt der jungen Frau diese Lüge. KLÜGER vergleicht beider Handeln: **Seine Tat war willkürlich, ihre frei. Frei, weil man bei aller Kenntnis der Umstände das Gegenteil vorausgesagt hätte, weil ihre Entscheidung die Kette der Ursachen durchbrach.**[30] Wie diese junge Frau durchbricht auch Jakob die **Kette der Ursachen**; wie sie muss auch er sich, als Mischa in Lebensgefahr schwebt, spontan entscheiden und zu einer Lüge greifen. Die selbstlose Rettung des anderen geschieht gerade an einem **Ort, der den Selbsterhaltungstrieb bis zur Kriminalität gefördert hat.**[31]

Jakobs Erzählen

Jakob ist schon Geschichtenerzähler, bevor die Radiogeschichten beginnen – in der Tradition des jüdischen Lebensraumes stehend (vgl. Kapitel 5.2). Auch bei härtester Zwangsarbeit im Ghetto nehmen sich Jakob und Kowalski, wie die anderen auch, ein wenig Zeit, um **zu schwätzen wie in Friedenszeiten** (130); sie erzählen sich zum Beispiel die Geschichte vom Wucherer Porfir (vgl. 130). An diese Art, sich Geschichten zu erzählen und sich einen kleinen Raum des Privaten zu schaffen, knüpft Jakob an. Seine erste kleine Geschichte, die er Mischa erzählt, gründet sich auf ein Nachrichtenfragment eines deutschen Senders. Danach muss er auf wirkliche, also auf Tatsachenwiedergabe beruhende Nachrichten verzichten und diese erfinden. Jakob trifft bei diesen Berichten, die zunehmend Erzählungen gleichen, auf eine ideale Erzählsituation. Seine Geschichten in Fortsetzungen finden größte Aufmerksamkeit, denn sie erweisen sich als Überlebenshilfe. Für die Erwartungshaltung seiner Zuhörer reicht diese Nachricht nicht aus und Jakob muss seine Erfindergabe bald wieder bemühen. Er lässt die Russen drei Kilometer vordringen und schon ist sein Freund Kowalski zufrieden. Aber erst mit dieser ersten wirklichen Lüge über den russischen Vormarsch – ein **wichtiger Augenblick** (75) für Jakob – beginnt seine Rolle als Geschichtenerzähler. Jakob geht diese Lüge aber **leicht über die Lippen** (75), weil sie der Wahrheit, also dem weiteren Vormarsch, entsprechen könnte und weil er so die Hoffnung wach halten kann. Jakob lügt, ohne im Widerspruch zu ethischen Prinzipien zu stehen.

Je mehr sich seine Erzählungen von jenem einzigen Nachrichtenfragment lösen müssen, desto mehr entfalten sich allerdings seine Skrupel. Er sieht sich als **Lügner mit Gewissensbissen** (150 f.) und bemüht sich unter Einsatz seines Lebens um eine deutsche Zeitung, da er glaubt, dass er seine Geschichten beglaubigen müsse und seine Fantasie nicht ausreiche. Aber in Wirklichkeit mangelt es ihm nicht an Einfallsreichtum, nicht an schöpferischer Fantasie, wie zum Beispiel die **Radiosendungen** für Lina zeigen, sondern ihn beunruhigt das ethische Problem.

Erst nach der Ermordung Herschel Schtamms (vgl. 149) entschließt er sich, seine **Befangenheit**, sein **schlechtes Gewissen** (150) zu beruhigen. Er verändert seine Position: Er will kein **Stümper bleiben**, hält **Zurückhaltung und falsche Scham** für unangebracht und will jetzt **aus dem vollen schöpfen**; er will **vorspielen, wie einer auszusehen hat, der das schon weiß, was sie erfahren** (151). Mit dieser Entscheidung, seinen Zuhörern bewusst und gekonnt etwas vorzuspielen, befreit sich Jakob von seinen moralischen Bedenken und er erzählt das, was die Menschen hören wollen. Aber er versagt sich, von den Lina-Episoden abgesehen, ein zu freies Spiel der Fantasie, nur bestimmt von ästhetischen bzw. wirkungsästhetischen Prinzipien. Zum Beispiel verzichtet er darauf, seiner jeweiligen Erzählung **ein hübsches kleines Glanzlicht** zu verleihen, den **Kuchen** seiner Erzählung mit **ein paar Rosinen** (152) zu würzen. Er verzichtet auf rhetorisch-künstlerische Ausschmückung und steuert also seine schöpferische Fantasie nach dem Gesichtspunkt der Wahrscheinlichkeit, d. h. nach dem erwartbaren realen Geschehensverlauf. Denn nur so wirkt sein Erzählen glaubwürdig. Hier deutet sich in Umrissen eine ästhetische Grundposition Jakobs und des Erzählers an (vgl. Kapitel 7.1). Jakob muss wie der Erzähler und Autor wahrhaftig und glaubwürdig erzählen, um die Zuhörer überzeugen zu können.

Jakobs Erzählverhalten verändert sich noch einmal nach dem Besuch Rosas und der Verhaftung Elsa Kirschbaums. Er gesteht sich jetzt ein, dass er sich bei den Nachrichten über den russischen Vormarsch **zu einem Tempo** hinreißen lässt, **das der Wirklichkeit leider nicht standhält** (247). Jakobs erzählerische Kräfte schwinden, weil Realität und Fantasie immer weiter auseinander klaffen, weil also die russischen Truppen zu sehr auf sich warten lassen. Die Erzählfantasie Jakobs muss vor der Wirklichkeit kapitulieren und er gesteht: **›Was meinst du, Kowalski, wieviel ein Mensch aushalten kann?‹ fragt Jakob endlich. […] ›bei mir ist die Grenze jetzt erreicht. Vielleicht wäre ein anderer weitergekommen, ich kann nicht mehr‹** (249). Jakob möchte die ethischen Gründe für seine **bedingungslose Kapitulation** (251) erklären und erwägt **Rechtfertigungen, […] daß seine Verurteilung glimpflich ausfällt** (253). Aber er muss erkennen, dass die Ghettobewohner in ihrer Not auf seine Rechtfertigungen pfeifen. Sie erfahren von Jakobs Lügen erst, als sie ins Todeslager gebracht werden, und alle halten ihn für einen Betrüger. Nur die Leser können die ethischen Motive und ästhetischen Ansprüche erkennen, die Jakobs Erzählungen auszeichnen. Die Juden können in ihrer Situation nicht erkennen, dass Jakobs Erzählungen ihnen, allerdings nur vorübergehend, die Möglichkeit geboten haben, ein wenig menschenwürdiger zu leben.

5.3.4 Merkmale und Beziehungen der Figuren im Ghetto

Gestaltungsprinzip der Figurenkonzeption ist, die Opfergruppe in ihrer Vielschichtigkeit und ihren unterschiedlichen Individualitäten vorzustellen. Die ausgewählten Juden unterscheiden sich folglich durch Herkunft, Alter, Geschlecht, sozialen Stand, Einstellung und Eigenschaften, aber sie sind nicht vorrangig Funktions- bzw. Rollenträger des Kollektivs, sondern gewinnen klares, individuelles Profil. Diese Figuren stehen zueinander in Kontrast-, aber auch Korrespondenzbeziehungen – zum Teil zu Zweierbeziehungen geordnet –; sicherlich im Sinne der Erzählabsicht, Verhaltenstypen des Kollektivs im Ghetto zu zeigen. Zunächst stehen sich die Gruppen ost- und westeuropäischer Juden gegenüber. Figuren wie Jakob Heym, Herschel Schtamm oder Kowalski repräsentieren die Welt des osteuropäischen Judentums, des Schtetls, ein Leonard Schmidt, aber auch die Geschwister Kirschbaum und die Familie Frankfurter die Welt eines assimilierten europäischen Judentums. Aber Parteiungen im Ghetto bilden sich nicht nur angesichts der unterschiedlichen Herkunft, sondern angesichts der unterschiedlichen Reaktionsweisen auf die Terrormaschinerie.

Kowalski und Jakob

Neben Jakob gehört Kowalski in diesen Lebensraum des Schtetl. Beide gehören zum gewerbetreibenden Kleinbürgertum; Kowalski war vor der Ghettozeit Frisör, Jakob Pufferbäcker und Eisverkäufer. Kowalski – und auch Jakob – beanspruchen keine abgegrenzte Privatsphäre für sich; verschlossene Türen erwecken Argwohn. Neugier bzw. Wissbegierde und Mitteilsamkeit prägen beide und ihr Lebenselement ist der tägliche Plausch, das Schwätzchen; Geheimnisse können sie nicht bei sich behalten. Man träumt gemeinsam von einer besseren Zukunft und denkt an neue Geschäfte. Kowalski ist Jakobs Nachbar und Freund seit 40 Jahren, wenn man die letzte Bezeichnung nicht zu eng fasst. Zu ihrer Freundschaft gehören nämlich Streit und Misstrauen. Aber sie halten auch zusammen, sogar unter Lebensgefahr, wenn sie sich gegen Mächtigere oder Unrecht behaupten müssen. Kowalski rettet Jakob, als dieser im Toilettenhäuschen der Deutschen sitzt, mit einem Ablenkungsmanöver das Leben (vgl. 106 f.). Beide scheuen allerdings vor einem Meineid (vgl. 130 f.) oder Betrug (vgl. 72) nicht zurück. Jakob und Kowalski verkörpern die Bandbreite menschlichen Verhaltens: humorvoll und klatschsüchtig, misstrauisch und mitteilsam, streitsüchtig und hilfsbereit, betrügerisch und ehrlich. Beide sind parallel angeordnet, bis auf den einen, allerdings entscheidenden Unterschied, dass Kowalski es nicht wagt, die Rolle Jakobs als Nachrichtengeber auch nur vorübergehend zu spielen. Dabei ist gerade er auf gute Nachrichten so sehr angewiesen und er verübt Selbstmord, als Jakob ihm anvertraut, dass er gelogen hat und einen Schlussstrich ziehen muss (vgl. 252). Bezeichnend sind die Gedanken Jakobs beim Tode Kowalskis, die übergehen in die des Erzählers.

> Was haben wir uns nicht schon alles verschafft, reell oder unreell, wenn es gelingt, fragt keiner hinterher nach der Art und Weise [...]. Von Beruf Friseur, hatte etwas Geld versteckt, wie man weiß, mit der Absicht, sich später zu verändern, wäre aber vermutlich weiterhin Friseur geblieben, war ausstaffiert mit dieser oder jener fragwürdigen Eigenschaft, war mißtrauisch, verschroben, ungeschickt, geschwätzig, obergescheit, wenn man alles zusammenrechnet, im nachhinein, plötzlich liebenswert. (256)

Diese Gedanken charakterisieren einen Menschentyp; sie lesen sich **wie ein Nachruf auf die Menschen und das Menscheln im Schtetl.**[32]

Mischa und Rosa

Mischa, ein Arbeitskollege Jakobs, und Rosa, die einzige Tochter des Ehepaars Frankfurter, wagen es, durch Jakobs Erzählungen ermutigt, an eine gemeinsame Zukunft, an Ehe und Kinder zu denken – zur ungläubigen Überraschung der Eltern Rosas. Mischa, ein **langer Junge von fünfundzwanzig, mit hellblauen Augen**, ist bei seiner Karriere als Boxer in verschiedenen Gewichtsklassen **nicht groß herausgekommen** (28). An ihm und Kowalski zeigt der Erzähler beispielhaft, wie Jakobs Nachrichten zu verändern vermögen. Mischas Gedanken verdeutlichen dieses völlig neue Lebensgefühl: **Aber seit gestern sind die Zeiten nicht mehr normal, da weht ein anderer Wind, da können wir dir Dinge sagen, da vergißt du Kind und Mann und Weib und Essen und Trinken, seit gestern ist morgen auch noch ein Tag** (50). Mischas innerer Monolog zeigt gerade in seiner Hyperbolik (**da vergißt du Kind und Mann und Weib**) und Paradoxie (**Zeiten nicht mehr normal**), wie schnell die dumpfe Resignation in einen realitätsfremden Optimismus umschlagen kann. Am Beispiel dieses Liebespaares wird nicht nur deutlich, dass die Menschen ohne Hoffnung nicht leben können, sondern auch, wie tief greifend der Ghettoalltag das Verhalten und Empfinden der Menschen verändert hat. Aber auch Mischa muss – auf anderer Ebene, aber Jakobs Lügen vergleichbar – Rosa täuschen, um mit ihr für den Moment glücklich sein zu können.

> Mischa kommt mit Rosa in sein Zimmer, und das ist eine ganze Geschichte für sich. Wenn es eine Geschichte ist, wie jemand belogen werden muß, damit er ein bißchen glücklich sein kann, nichts anderes geschieht mit Rosa, wenn es eine Geschichte ist, wie verwegene Listen angewendet werden müssen, [...] dann ist es auch eine Geschichte, wie Rosa mit Mischa in sein Zimmer kommt. (60)

Mischa gibt vor, sein Zimmergenosse Fayngold sei taubstumm, und er teilt mit einem Schrank und Vorhang den Raum. Seine Lüge erst ermöglicht die Liebesbegegnung der beiden. Es ist eine Geschichte, **wie jemand belogen werden muß, damit er ein bißchen glücklich sein kann** (60). Ähnlich wie Jakob kommt er auf diese Weise in komische Situationen, um sein Liebesglück bewahren zu können (vgl. 64; 174 ff.). Auch Mischas Lüge gewinnt ein Eigenleben, denn als Fayngold eines Tages ausbleibt, besteht Rosa weiterhin auf der Teilung des Zimmers. Wieder verweist die Paradoxie im Verhalten auf die inhumanen Verhältnisse im Ghetto, genauer: auf die Zerstörung des Privaten. Rosas unsinniges Beharren kann aber auch als Bemühen gedeutet werden, sich selbst treu zu bleiben und sich Mischas Täuschungsmanövern zu verweigern. Sie will offensichtlich nicht wahrhaben, dass gerade das **winzige Lustspiel** (64), zu dem Mischas Lüge sich entwickelt, zu einer winzigen Korrektur der verbrecherischen Welt dient. Diese Elemente der Komik lenken den Leser nicht von der Realität ab, sondern machen auf ihren Charakter aufmerksam.

Eine andere Dimension gewinnt Mischas Lüge, als die in der Franziskanerstraße wohnenden Menschen, darunter die Eltern Rosas, ins KZ abtransportiert werden. Mischa täuscht Rosa, um sie zu retten, und hindert sie, zu ihren Eltern zu eilen (vgl. 225 ff.). Sie klagt ihn daraufhin mit den Worten an: **›Du lügst!‹ schreit sie. ›Ihr lügt alle! Ihr redet und redet, und nichts ändert sich!‹** (231) Mit dieser Anklage deutet sie an, dass sie die Überlebensstrategien Jakobs und Mischas durchschaut und in Frage stellt, weil es nur Selbsttäuschungen sind. Rosa möchte aus ihrem wahren Gefühl heraus leben und sich nicht verformen lassen. Sie will nicht in der Lüge leben und geht später zu Jakob, um Gewissheit zu erhalten (238).

Herschel Schtamm und Leonard Schmidt

Wenden wir uns einem *Paar* zu, das gegensätzlicher nicht sein könnte: Herschel Schtamm und Leonard Schmidt. Bereits ihre Namen sprechen und heben ein dominantes Merkmal hervor.

Herschel Schtamm, ehemaliger Diener in einer Synagoge und **fromm wie der Rabiner selber, schmuggelt** seine Schläfenlöckchen, **Zierde aller strenggläubigen Juden**, unter einer Fellmütze mit Klappen an den Ohren durch die Zeit, obwohl er im Sommer **schwitzt wie ein Wasserfall** (68). Herschel Schtamm gehört zunächst zu Jakobs Gegenpartei im Ghetto, will nichts von seinen Radioerzählungen wissen (vgl. 69; 84 f.), weil er auf Gott vertraut. Jeden Abend spricht er mit Gott, erzählt ihm von dem Leiden der Juden, bittet um seine Hilfe und wartet auf ein göttliches Zeichen. Jeden Abend erklärt er Gott **haarklein die unabsehbaren Folgen** (86), die ein Radio im Ghetto hat. Sein Verhältnis zu Gott ist so persönlich und unmittelbar, dass er bei einem Stromausfall glaubt, Gott habe ihn erhört und das Radiohören unterbunden. Herschel, bislang nur durch seine Fellmütze und sein Beten aufgefallen, hebt sich erst aus dem Kollektiv hervor, als er versucht, Juden eines KZ-Transports Hoffnung zu geben. Er teilt den im geschlossenen Waggon Gefangenen Jakobs Nachricht mit und setzt dabei sein Leben aufs Spiel – **wie nach unergründlichen Gesetzen, denen auch die Traumwandler gehorchen** (138). Er handelt also wie Jakob und hat seinen inneren Widerstand abgelegt. Bei dieser Aktion wird er von einem deutschen Posten erschossen und er liegt **ohne Maskerade** zwischen den Gleisen und die Schläfenlöckchen dürfen **frei im Winde wehen** (139 f.). Der Tod Herschels könnte zunächst bedeuten, dass erst der Tod dem Einzelnen seine Würde und Identität zu geben vermag. Darauf verweist die Erwähnung der Schläfenlocken, die jetzt frei im Winde wehen. Sodann deutet sich im Tod Herschels das Dilemma an, bei Todgeweihten Hoffnungen zu erwecken und die Realität zu vernachlässigen. Jakob sieht in Herschel ein Opfer seiner Erzählungen und denkt über seine Rolle nach: **Du denkst dir eine große Waage mit zwei Schalen, auf eine legst du Herschel, auf die andere türmst du alle Hoffnung, die du im Laufe der Zeit unter die Leute gebracht hast, nach welcher Seite wird sie niedergehen?** (140 f.) Er weiß, dass er selber **die Formel finden und einsam die Rechnung beenden** (140) muss: hier die unklare Zahl verhinderter Katastrophen, dort der tote Herschel.

Leonard Schmidt ist eine Kontrastfigur zu Herschel. Er ist, wie der Erzähler ironisch bemerkt, **zu diesem Ghetto gekommen wie die Jungfrau zu ihrem Kind** (127) und dies spukt wie ein **idiotischer Witz** (128) in seinem Kopf herum, als Albtraum, aus dem er eines Morgens erwachen wird. Schmidt stellt eine typische deutsche Karriere vor: vermögender Vater, kaisertreue Mutter, erstklassiges Gymnasium in Berlin, nach dem Abitur sofort Soldat und Teilnahme an entscheidenden Schlachten des Ersten Weltkrieges, und zwar **als stolzer Leutnant und mit Orden für Tapferkeit vor dem Feind und sonst was behangen** (127); dann Jurastudium in Heidelberg und Berlin, glänzende Examina, sodann eigene und gut gehende Rechtsanwaltspraxis in vornehmster Gegend; dann Liebesheirat und zwei mittelblonde schöne Töchter. Der Erzähler kommentiert: **Die Welt hat jeden Tag respektvoll vor ihm den Hut gezogen** (128). Die hier erkennbare ironische Gegenperspektive scheint immer wieder durch, z. B. in Ausdrücken wie **Jungfrau zum Kind, stolzer Leutnant, Orden** [...] **und sonst was behangen.** Die ironische Kritik des Erzählers, die auch andere Opfer nicht ganz verschont, wird bei Schmidt schärfer. Entlarvt werden die Blindheit bzw. der Realitätsverlust eines Mannes, der auch im Ghetto noch das Eiserne Kreuz anlegt, der **auf dem besten Wege** war, ein **deutscher Nationa-**

list zu werden (128), der nach Meinung der anderen **gegen das ganze Ghetto kein Wort einzuwenden** hätte, wenn sie **nicht ausgerechnet ihn mit hineingesteckt** hätten (134). Er ist überzeugt von der **Nützlichkeit der strengen Befolgung von Befehlen.** Nicht einmal im Ghetto vermag er das Verhängnis des Gehorsamsprinzips und des übersteigerten Nationalismus und Rassismus zu durchschauen und möchte sich als Deutscher fühlen. Schmidt ist der Typ des Totalassimilierten, der alle Forderungen der Assimilierung eingelöst, ja sogar übererfüllt hat und nationaler bzw. verblendeter als viele Deutsche ist. Die schon tragische Ironie, die in seinem Schicksal zu erkennen ist, liegt darin, dass die Deutschen jetzt anderes wollen. Statt Assimilierung bestehen sie auf seinem Judesein, das er völlig verdrängt hat. Schmidt weiß daher nicht, was ihm geschieht, und begreift seine Lage nicht.

Das Ehepaar Frankfurter

Auch die Familie Frankfurter ist wie die Geschwister Kirschbaum, aus einer größeren Stadt kommend, ins Ghetto verschleppt worden. Das Ehepaar Frankfurter fügt sich in anderer Weise in die Konfiguration des Romans ein und zeigt Verhaltensmerkmale, die typisch für das Kollektiv sind. Felix Frankfurter, von dem vornehmlich die Rede ist, lebt aus der Erinnerung an seine Theaterzeit. Der Erzähler berichtet von späteren Erkundigungen: **[...] es ließ sich später anhand von Programmheften des Stadttheaters leicht feststellen, [...] über mittlere Rollen ist der Schauspieler Frankfurter nie hinausgekommen** (46). Frankfurter versucht, seine künstlerisch geprägte Lebensform unter den erbärmlichen Verhältnissen zu konservieren, so präsentiert er dem Besucher ein **dickes Album voll Bilder**, hat um **seinen Hals einen Schal geschwungen, kunstvoll und salopp,** und **in seinem Mund steckt eine Pfeife, Meerschaum, die lange schon vergessen hat, wie Tabak schmeckt** (46 f.). Im Keller bewahrt er Erinnerungsstücke an die gute Zeit auf: eine Trommel, Rosas Ballettschuhe, ein Album mit Rezensionen, aber auch ein Radio. So wie Herschel in seiner Religion Halt findet, so wie Schmidt in seinem Wahn verharrt, so greift Felix Frankfurter zu früheren Gewohnheiten, zum Beispiel zu seinem Pfeiferauchen, und zu Requisiten seiner früheren Lebensform, um hier eine Zuflucht zu finden. Aber diese kleinen Selbsttäuschungen hindern ihn nicht, realistisch an das baldige Ende zu denken. Er wehrt sich, gemeinsam mit seiner Frau, gegen die Heiratspläne des jungen Paares. Als Mischa um die Hand Rosas anhält, reagiert er bestürzt: **›Er ist verrückt geworden [...], die Not hat ihn verwirrt, das sind diese gottverfluchten Zeiten, wo ganz normale Wünsche wie Ungeheuerlichkeiten klingen‹** (52). Charakteristisch für seine Rede- und Denkweise sind seine kleinen Anekdoten und Allegorien, zum Beispiel:

›**Sein Schiff ist untergegangen, er schwimmt mitten auf dem Meer, weit und breit kein Mensch, der ihm hilft. Und er überlegt, ob er abends lieber ins Konzert geht oder in die Oper!**‹ (53) Diese **kleine Allegorie** (53) veranschaulicht das Paradoxe der Situation, inmitten einer Welt des Anormalen und Absurden Normalität einzurichten. Als Mischa Frankfurter nach dem Heiratsantrag von Jakobs Radionachricht berichtet, geht er anschließend in den Keller und zerstört sein Radio, wahrscheinlich das einzige Radio, das sich im Ghetto befindet. Er hat es **nicht ein einziges Mal, auch nicht in der ersten Zeit** (59) gehört. Wieder ergeben sich Bezüge zur Hauptfigur. Frankfurter besitzt ein Radio, hört aber aus Angst keine Nachrichten, Jakob besitzt kein Radio, wagt es aber, Nachrichten zu verbreiten. Durch diese Kontrastierung erschließt sich erst Jakobs Mut, zeigt sich aber auch die Grundstimmung der Angst im Ghetto.

Die Geschwister Kirschbaum

Das Geschwisterpaar nahm in der Zeit vor den Nazis eine gesellschaftlich herausgehobene Position ein; er war in Krakau als Professor der Herzmedizin eine Berühmtheit. Aber anders als die mit den Geschwistern Kirschbaum zu vergleichenden Westjuden Schmidt und Frankfurter finden diese zu einer von Würde und Selbstachtung gekennzeichneten Haltung und Handlungsweise, die als eine Form des Widerstandes zu begreifen ist. Zunächst lehnt Professor Kirschbaum aus Angst Jakobs Verhalten ab, will ihn bei seinem Besuch eindringlich warnen, aber kurze Zeit nach diesem Gespräch entzieht er sich durch Selbstmord dem Zwang, dem Gestapochef Hardtloff zu helfen. Ein Akt des Widerstandes in auswegloser Lage, vergleichbar mit Herschels todesmutiger Aktion und erst recht mit Jakobs Rolle der Nachrichtenübermittlung. Offenbar hat Jakob ihn ebenso überzeugt wie die würdevolle Haltung seiner Schwester, auf die wir im nächsten Kapitel eingehen werden. Als Kirschbaum zum Gestapochef geholt wird, nimmt er seine Schwester als Vorbild: **So unnahbar sein und so würdevoll wie sie, wenigstens das, wenigstens jetzt, ein Leben lang hat man sie darum bewundert** (202).

Ein abschließender Blick auf die Konstellation der jüdischen Figuren zeigt eine Fülle von Korrespondenz- und Kontrastbeziehungen. Sie spiegeln zum einen in mehrfacher Hinsicht die Hauptfigur; sie veranschaulichen zum Beispiel, wie hilfreich die Lüge in den Zeiten des Krieges sein kann (vgl. Mischa, Herschel), wie Formen des kleinen Widerstandes (Geschwister Kirschbaum) Würde zurückgeben und Angst überwinden können. Sie verdeutlichen zum anderen, wie Realitätsblindheit (Schmidt) und unbewältigte Angst (Frankfurter) dazu führen, sich der Gewalt auszuliefern.

5.3.5 *Die Gruppe der Täter*

Von den Tätern erfahren wir, von zwei Episoden abgesehen, nur, dass sie das Ghetto bewachen, die Juden zur Zwangsarbeit einteilen, sie unkontrolliert schlagen (vgl. 68) und morden (vgl. 100, 139), sodass ihr gelegentliches Erscheinen im Ghetto Panik auslöst (vgl. 240), dass sie die Deportationen veranlassen und organisieren (vgl. 222 ff.). Die Deutschen besitzen absolute Verfügungsgewalt über die Juden, halten sie, wie die Juden wissen, für Ungeziefer (vgl. 21). Nur wenige Deutsche erhalten Namen, nämlich Hardtloff, Preuß und Meyer. Während der Gestapochef Hardtloff gar nicht als Handlungsfigur auftritt, erhalten Preuß und Meyer ein gewisses individuelles Profil. Zudem gewinnen der Wachmann am Bahnhof, die **Pfeife** genannt, der Wachhabende im Revier und ein Soldat, der vor dem Toilettenhaus warten muss, etwas Kontur. Einige zeigen menschliche Züge, so der Wachhabende im Revier und der Soldat, der Kowalski schlägt, aber dann zwei Zigaretten fallen lässt. Jakob ist irritiert über diese menschliche Reaktion: **Er wirkt bekümmert, da soll sich einer auskennen** (110). Aus der Sicht Jakobs bzw. der Juden gilt ein Täter, wenn er einen guten Tag hat, als **Kamerad** (110), werden die Täter zu **unseren Deutschen** (111). Die Hoffnung auf Befreiung dürfte ein Motiv für diese ironisch gemeinte positive Bewertung sein. Ein anderes Motiv lässt sich aus Erfahrungen herleiten, die zum Beispiel Jakob mit dem von Durchfall gequälten deutschen Soldaten macht (106): Die Deutschen sind nur Durchschnittsmenschen ohne jede bedrohliche Größe. Bereits in der Revierszene (vgl. 10 ff.) begegnet Jakob gut gelaunten, sogar humorvollen Soldaten. Nehmen wir als Beispiel den Posten im Revier, über den der Erzähler bemerkt: **Einer von der gemütlichen Sorte, die Stimme klingt nicht einmal böse, eher mild, man hätte Lust, ein wenig zu plaudern, der Humor soll nicht zu kurz kommen** (10 f.). Der Leser, der über das Leben im Ghetto ein wenig Bescheid weiß, wird stutzen: Ein Täter, der zum Plaudern aufgelegt ist und an Humor denken lässt? Die deutschen Wachsoldaten und SS-Leute können im Moment freundlich, ja menschlich zu den Juden sein, die sie am nächsten Tag quälen oder erschießen oder ins KZ deportieren. Ihre Freundlichkeit ist zufällig und willkürlich; sie erinnert an die Freundlichkeit gegenüber fremden Tieren. Diese deutschen Täter sind weder auffällig gut noch auffällig böse, aber sie betreiben problemlos das Terror- und Mordsystem. Konzentrieren wir uns zunächst auf die beiden SS-Männer, die Professor Kirschbaum abholen. Der Erzähler mischt sich wiederholt ein, zum Beispiel stellt er die beiden vor:

> **Die beiden Männer heißen Preuß und Meyer, ich weiß, was sie reden, ich weiß nicht, was sie denken, obgleich das kein unlösbares Rätsel darstellt** [...]. **Preuß und Meyer steigen aus mit Sonderauftrag, Preuß, ein recht**

> **großer Mensch, braunhaarig, schlank, gutaussehend, höchstens etwas weichlich, Meyer, wie mir beschrieben wurde, einen Kopf kleiner, bullig, auf den ersten Blick wild entschlossen. Vermutlich eine mit Sorgfalt zusammengestellte Kombination** [...]. (196 f.)

Die SS-Leute werden mit wenigen Merkmalen, ein wenig klischeehaft, vorgestellt. Der Erzähler zielt offensichtlich nicht auf Individualisierung, sondern auf Darstellung unterschiedlicher Täterprofile. Er wertet die beiden, aber auch die Vorgehensweise der SS ironisch, wenn er beide als **eine mit Sorgfalt zusammengestellte Kombination** und später als **glückliche Ergänzung** (197) wertet. Die Gedanken, die er angeblich nicht kennt, sind ihm kein **unlösbares Rätsel**, da sie für ihn geprägt sind vom rassistischen Vorurteil. Er verlagert sodann die Perspektive in beider Bewusstseinszentrum und vermag sie im inneren Monolog indirekt zu entlarven:

> **Sie sehen sich im Zimmer um, was die alle reden, geht ihnen doch gar nicht so schlecht hier, Buffet mit Nippes, Sofa und zwei Sessel, bißchen abgeschabt zwar, aber immerhin, prall gefüllter Bücherschrank wie im Film, an der Decke dreiarmige Lampen, fast ein Kronleuchter, die leben ja hier wie Gott in Frankreich.** [...] **Köpfchen haben sie ja, die Itzigs, schlauchen sich immer durch und fühlen sich überall sofort wie zu Hause.** (198)

Die Passage zeigt, dass es ein allgemeines Gerede, vielleicht mit ein wenig Mitleid gemischt, über die Juden gibt; allerdings klingt die Aussage **was die alle reden** hier sehr abwertend. Das Denken und die Wahrnehmung der SS-Leute ist durch die ideologische Brille getrübt. Eine sehr bescheidene Wohnungseinrichtung, nur durch den Bücherschrank hervorgehoben, wird klischeehaft und bösartig zur Komfortwohnung aufgewertet: **wie im Film, leben wie Gott in Frankreich.** Diese Hyperbolik verrät, dass Juden als Minderrassigen nicht einmal eine bescheidene Wohnung zustehen darf. Da beide wissen, dass sie bei einem berühmten Herzspezialisten sind, und da vor ihnen ein **prall gefüllter Bücherschrank** steht, greifen sie zu einem rassistischen Stereotyp, um ihre Überlegenheit als Herrenmenschen zu behaupten: **Köpfchen haben sie ja, die Itzigs.** Jüdische Überlegenheit gründet sich demnach auf eine Intelligenz, die als einseitig, ja zersetzend gilt, sodass das Ganzheitliche der Person nie erreicht wird. In den Ausdrücken **Köpfchen haben sie ja, die Itzigs, schlauchen sich überall durch** und **fühlen sich überall zu Hause** werden ihre rassistischen Vorurteile in aller Schärfe artikuliert. Juden gelten in einer bedrohlichen Weise als lebenstüchtig, Parasiten vergleichbar, die man ausrotten muss. Der Erzähler mischt sich hier und im Folgenden nicht mehr ein, gibt die Konversation und das Verhalten in zeitdeckender, szenischer Weise unmittelbar wieder. Die beiden SS-Männer unterscheiden sich nun im Verhalten: Preuß wahrt die äußere Form, Meyer hält die Frage Frau Kirschbaums – ›**Worum handelt es sich**

bitte.‹ – für **unverschämt** und sagt: ›**Das geht dich einen Dreck an**‹ (198). Meyer, irritiert durch das selbstbewusste Auftreten der Frau, hält den normalen Umgangston seines Kollegen für **Affentheater**, wirft demonstrativ ein Streichholz auf den Boden und will auf diese Weise **die Welt ein wenig wieder geraderücken** (198). Im Sinne seines primitiven Denkens müssen Juden unterwürfige Sklaven der deutschen Herrenmenschen sein. Preuß, vermutlich in einem höheren SS-Rang, wirkt kultivierter, blättert in Büchern, scheint Frau Kirschbaum zu respektieren und fordert Meyer zu zivilisiertem Verhalten auf.

Der Erzähler stellt hier zwei Tätertypen vor, die in ihrer Ideologie übereinstimmen, sich im Verhalten unterscheiden: hier der aggressive Landsknechtstyp, dort der zivilisierte und gebildete Offizier. Meyer dürfte in einem anderen Verständnis mit seinem Wort **Affentheater** so Unrecht nicht haben, denn zivilisiertes Verhalten ähnelt einem Theater, wenn sich dahinter nur Vernichtungsbereitschaft verbirgt. Auch gebildete Menschen zeigen keine moralischen Hemmungen und reflektieren nicht die Legitimation ihres Tuns, begehen monströse Verbrechen, ohne sich dagegen aufzulehnen. Um uns den Motiven der Täter nähern zu können, bedienen wir uns der Ergebnisse der historischen Forschung. Zunächst ist die leitende, das Vernichtungsprogramm vorantreibende Führungsgruppe – meist Hochschulabsolventen – zu nennen; dazu rechnen wir den Gestapochef von Lodz, Hardtloff. Diese Führungsgruppe vereinigt kühle Professionalität mit der Überzeugung, dass ihr Tun unumgänglich, notwendig, sogar ethisch geboten ist. An zweiter Stelle sind die an den Mordtaten beteiligten und sie organisierenden SS-Leute wie Preuß und Meyer zu nennen; der eine ein kultivierter, aber ideologisch überzeugter Offizier, der andere fanatisch und aggressiv. An dritter Stelle gibt es die Leute der deutschen Wehrmacht, Verwaltung, Polizei und Eisenbahn; also der SS untergeordnete Dienststellen, die Befehle ausführen. Alle diese Personen im Roman zeigen an keiner Stelle erkennbare moralische Bedenken. Diese Beobachtung entspricht den Ergebnissen der historischen Forschung.[33] Versuchen wir, das Verhalten der Täter, ihre kognitive und mentale Struktur, zumindest ansatzweise und thesenhaft zu erklären. Die Personen der mittleren und unteren Ebene führen Befehle aus, weil sie es so gewohnt sind, weil sie obrigkeitlich geprägt sind, weil sie in den Juden keine gleichwertigen Menschen sehen. Sie führen Befehle aus, weil sie keinen Ärger mit den Vorgesetzten haben wollen, weil es ihnen an tief verwurzelten moralischen Wertvorstellungen fehlt. Zudem kommt der Mordbefehl von staatlichen bzw. quasistaatlichen Stellen und erhält auf diese Weise eine Pseudolegitimation. Der Judenmord wird im staatlichen Auftrag planmäßig und bürokratisch perfektioniert durchgeführt. Zu erwähnen ist auch, dass der Völkermord in der Ausnahmesituation des erklärten Rasse- und Vernichtungskrieges gegen Russland geschieht, in einer Zeit, in der sich das Freund-Feind-Denken weiter radikalisiert und in der Juden als bösartige Schädlinge des deutschen Volkes und als Spione diffamiert werden. SS-Leute wie Meyer könnten es – in fürchterlicher Perversion des Pflichtgedankens – als ihre nationale Aufgabe ansehen, Juden und andere **Volkschädlinge** auszurotten. Die Alltagsroutine im Lager, sei es ein Ghetto oder KZ, stumpft ab und das Morden wird zur Gewohnheit, sodass die Dimension des Verbrechens nicht erfasst wird.

Dieser Versuch, einige Motive aufzudecken, führt zu Fragen, wie das Böse zu erklären ist, wie allgemein anerkannte moralische Werte keine Rolle mehr spielen, wieso gewöhnliche Deutsche, Familienväter bzw. akademisch Gebildete morden. Im Grunde bleibt das Geschehen unbegreiflich. Mit den Worten RUTH KLÜGERS: **Ich verstehe ganz gut, wie es dazu kam, zumindest weiß ich so viel wie andere über die Hintergründe. Aber dies Wissen erklärt nichts.**[34]

Aufschlussreich ist, wie Preuß nach dem Kriege beim Besuch des Erzählers reagiert, wie er sich erinnert und wie die Situation beschrieben wird. Der Erzähler enthält sich jeder direkten Einmischung, beschreibt fast neutral, in szenischer Erzählweise diese Begegnung im bürgerlichen Milieu. Auf die Frage des Erzählers, ob er **für Hardtloff gearbeitet hätte**, erbleicht Preuß und legt, ohne zu antworten, seine **Entnazifizierungsurkunde, mit Stempel und Unterschrift** (210) vor und beantwortet bereitwillig die Fragen zum Selbstmord Kirschbaums. Dann heißt es: **Zum Schluß wollte er mir unbedingt noch anvertrauen, wie er heute über diese unselige Zeit dächte, sich mal mit einem vernünftigen Menschen das ganze Schmalz von der Seele reden** (212). Auffällig ist in dieser Erzählsequenz die Haltung des Erzählers, der sich bis auf gelegentliche, Preuß offensichtlich unbemerkt bleibende Ironie zurückhält und das bürgerliche Umfeld ebenso sorgfältig registriert wie das freundliche Verhalten des früheren Täters. Der Leser erinnert sich an den Raum der Nachkriegszeit, den der Erzähler zu Beginn des Romans dargelegt hat (vgl. 24 f.): an die Stadt im Grünen, die gepflegten Parks, das recht sorglose Leben, an die Menschen, die vergessen wollen. Auch Preuß hat sich eingerichtet: Er wohnt in Berlin-Schöneberg, hat eine nette Frau und zwei höfliche Kinder, an der Wand hängt eine Reproduktion der *HÄNDE* von Dürer. Am Schluss des Gespräches will er über die **unselige Zeit** sprechen, sich **das ganze Schmalz von der Seele reden.** Das Adjektiv **unselig**, das Preuß in den Mund gelegt wird, entlarvt ebenso wie der Ausdruck **Schmalz von der Seele reden,** der eher dem Erzähler zuzuordnen ist, wie unzulänglich diese Position ist. Das Adjektiv **unselig** verfälscht die Realität, deutet ein Täter und Opfer umgreifendes Schicksal an, dem man sich nicht entziehen konnte. Mit dem Nomen **Schmalz** wertet der Erzähler das Reden über die Vergangenheit als unecht, als ein Ritual, das nur dazu dient, die Schuld zu verdrängen. Vordergründig korrekt, aber ohne Gefühl für die eigene Schuld und nur der Entlastung des Ich dienend. Aufschlussreich für die Uneinsichtigkeit des ehemaligen SS-Mannes ist die Erinnerung, die er an die ihm von Professor Kirschbaum angebotene Zyankali-Kapsel hat: **Stellen Sie sich mal vor, wenn ich eine davon genommen hätte** (211). Auf die Darstellung dieser Bedrohung legt er **besonderen Wert** (211). Er erkennt nicht, wie er damit sein falsches Denken bloßstellt: Er, der vielfachen Tod gebracht hat, betont vorwurfsvoll, dass ihm ein Jude – durch **fragende Blicke** (205) veranlasst – Gift angeboten habe. Scheinbar zustimmend reagiert der Erzähler, aber in seiner Antwort – **Das war ein massiver Mordversuch** (211) – verbirgt sich satirische Schärfe. Der Leser vermag zu erkennen, dass Preuß seine Verbrechen nicht wahrhaben will und in grotesker Weise von der Gefahr spricht, in der er schwebte. So wie Preuß, so könnte die Schlussfolgerung erweitert werden, hat man in der Nachkriegsgesellschaft zwar eine Entnazifizierungsurkunde, aber Schuld wird verdrängt und man pflegt ein unverbindliches Ritual der Vergangenheitsbewältigung. Ein solches Ritual entzieht dem Geschehen in Lodz und in Auschwitz die Dimension des Grauens und erlaubt den ehemaligen Tätern, gerade auch vor sich selbst, den respektablen Mitbürger zu spielen. Die Täter haben sich, so kann der Leser folgern, nicht wesentlich geändert, nur die Situation ist eine andere, die jetzt von ihnen Antifaschismus und Wohlanständigkeit verlangt. Tätern wie Preuß und Meyer fehlt das Dämonische, aber gerade ihre Durchschnittlichkeit bzw. Normalität könnte nachhaltig beunruhigen und zu Fragen führen: Kann der Einzelne, wenn die gesellschaftlichen Bedingungen sich verändern, erneut zum willfährigen Vollstrecker einer totalitären Macht werden? Erweist sich die Aufklärungsposition eines selbstbestimmten und mit sich identischen Ich als Illusion? Demonstriert der Holocaust die Auffassung der Moderne, dass der Subjektbegriff aufzulösen ist, dass das handelnde und denkende Ich von diffusen Triebvorgängen mitbestimmt wird, die sich einer positiven Beeinflussung, z. B. durch Bildung, entziehen? Ist die Individualität des Menschen als ein Wert, unabhängig von der Situation, anzusehen oder muss, unter dem Druck der historischen Erfahrung, dieser Wert relativiert werden?

5.4 Das Erzählsystem im Roman

5.4.1 Überblick über Erzählverfahren und Handlungsstruktur

Das Geschehen im Ghetto von Lodz, über Jahre reichend und eine unüberschaubare Menge Menschen betreffend, ist unerzählt eine amorphe und diffuse Geschehensmenge. Diese muss zu einer sinnbestimmten Geschichte organisiert werden, perspektivisch einem erzählenden Vermittler zugeordnet, in überschaubare Sequenzen zerlegt und an ausgewählte Figuren gebunden werden. Das Jahre umfassende Geschehen kann nicht kontinuierlich und gleichmäßig dargeboten, sondern muss ausgewählt, gerafft und thematisch konzentriert und leitmotivisch verknüpft werden, sodass aussagerelevante Episoden entstehen. Es müssen Beginn und Ende festgelegt und Rückblicke und Vorausdeutungen können eingefügt werden. Das besondere Thema legt dem Autor nahe, sich an der vorgegebenen chronologischen Abfolge zu orientieren, und er entscheidet sich folglich für ein linear-sukzessiv angelegtes Erzählverfahren, das allerdings vielfach unterbrochen wird. Als solche Abweichungen von der chronologischen Abfolge kennen wir bereits die Rückblenden aus Figurensicht sowie den Wechsel zur Zeitebene der Erzählergegenwart (vgl. 5.3.2). Die Rückblenden aus Figurenperspektive, oft nur im Gespräch angedeutet, erweitern und vertiefen für den Leser den Erfahrungsraum und ermöglichen es, das Absurde des Ghettos besser zu begreifen. Zudem retardieren diese Rückblenden den Geschehensablauf und die angespannte, oft dramatisch zugespitzte Situation entschärft sich. Die Juden im Ghetto können durch ihre Rückerinnerung das Grauen für den Moment überdecken und etwas Trost schöpfen: **Träumen wir uns für eine paar Züge in die alten Zeiten, die bald wieder anfangen werden** (124). Zukunftsungewisse Vorausdeutungen bleiben im Bewusstseinshorizont der Figuren; die Personen äußern ihre Angst vor der Zukunft, die ein Abtransport ins Vernichtungslager sein wird, aber sie träumen auch von einer Zukunft, von einer normalen Ehe mit Kindern (Mischa und Rosa), einer Geschäftseröffnung (Jakob und Kowalski). Diese Vorausdeutungen wecken beim Leser Spannung auf den Ausgang. Zwar weiß er um das furchtbare Ende, aber die Hoffnung der Figuren lässt den Leser für den Lesemoment daran teilhaben und relativiert die Zwangsläufigkeit des Geschehens.

Es fehlt im Roman zwar die übliche Kapiteleinteilung, wohl aber gibt es weitgehend in sich geschlossene Episoden, die auch durch Absatzbildung herausgehoben werden. Der Leser erhält zwar keine direkte Anweisung durch die Kapitelüberschriften, wohl aber stellt der einleitende Satz die Episode vor, wie zum Beispiel: **Jakob sagt es Mischa** (26); **Mischa kommt mit Rosa in sein Zimmer, und das ist eine ganze Geschichte für sich** (60).

Diese Miniaturerzählungen, die für einige Rezensenten über das erzählerisch Notwendige hinausgehen, scheinen die Haupthandlungen zu überwuchern und von ihr abzulenken, beleuchten aber die vielschichtige und auch widersprüchliche Realität im Ghetto (vgl. Kapitel 5.4.3).

Für Oppermann ist im Roman **keine aufbauende Horizontgliederung mit Spannung auf den Schluß hin** zu erkennen, sondern **ein additives, vertikales Gefüge.**[35] Aber offensichtlich lässt sich im Roman doch eine Spannungs- und Entwicklungskurve nachweisen. Zunächst können zwei Handlungsstränge unterschieden werden: einerseits gespeist durch Jakobs Geschichten der Hoffnung, andererseits durch das Eindringen der Realität. Die Episodenreihe, die sich auf Jakobs Geschichten bezieht und eine Wunschwelt entwirft, wird allerdings im Fortgang des Romans schwächer, ohne aber gänzlich aufgegeben zu werden. Diese positiv bestimmte Spannungskurve, deren Höhepunkt im Entschluss Jakobs liegt, seine Lügengeschichten zu vervollkommnen und ohne moralische Skrupel zu nutzen, trifft zunächst auf die Gegenposition einzelner Personen wie Frankfurter, ja sogar einer **Partei** (83). Die Gegenposition, aus unterschiedlichen Motiven gespeist – bei Herschel orthodoxer Glaube, bei Frankfurter Angst –, wird durch Jakobs Erzählungen schwächer. Aber die von Jakobs Gegnern befürchtete Entwicklung gewinnt allmählich reale Kraft gegenüber der zunächst ansteigenden Linie sich ausbreitender Hoffnung: Jüdische Elektriker werden erschossen, Herschel Schtamm wird ermordet, Fayngold ist verschwunden, Professor Kirschbaum und Kowalski begehen aus Verzweiflung Selbstmord, Jakob gibt auf, die Juden werden ins KZ gebracht. Die Realität hat alle Hoffnungen zunichte gemacht und nur durch einen Kunstgriff vermag der Erzähler das Prinzip Hoffnung zu retten. Er entscheidet sich für zwei Romanenden, sodass sich beide Episodenreihen unvermittelt und überraschend gegenüberstehen. Die Geschichte hat also **zwei Enden, im Grunde natürlich nur eins, das von Jakob und uns allen erlebte, aber für mich hat sie noch ein anderes** (257). Die erste Version – Jakob kommt bei einem Fluchtversuch ums Leben, aber die Übrigen werden befreit – bezeichnet der Erzähler als **unvergleichlich gelungener als das wirkliche Ende**, er hat es sich **in Jahren zusammengezimmert** (258). Aber dem Erzähler kommen Bedenken **betreffs der Wahrhaftigkeit;** diese Version **klingt im Vergleich einfach zu schön** und er vergleicht sein schönes Ende mit irgendeinem traurigen Tier, dem man **aus Liebe den prächtigen Schwanz eines Pfauen anhängt** (258). Er weiß nicht, welches der beiden Enden er erzählen soll, bis ihm einfällt, **alle beide loszuwerden, nicht etwa aus fehlender Entscheidungsfreudigkeit**, sondern weil, wie er sagt, auf diese Art beide zu ihrem **Recht kommen** (258) sollen. Hier die schöne und gerechte Möglichkeit, dort die wahre Realität. Die Einheit der Erzählung zerbricht; der Kontrast zwischen Möglichkeit und Wirklichkeit, bereits vom Romanbeginn an erkennbar, wird zur scharfen und irritierenden Dissonanz.[36] Es ist ein Kontrast zwischen zwei ethischen Prinzipien: hier das Prinzip der Gerechtigkeit, ergänzt und gestützt durch das Bedürfnis nach Schönheit, dort das Prinzip der Wahrheit gegenüber den historischen Tatsachen. Der Leser, der bei der Lektüre diesen Gegensatz überbrücken und sich der Möglichkeitswelt überlassen konnte, wird zunächst daraus zurückgeholt. Erst der doppelte Schluss erlaubt, eine Balance zu gewinnen, um die Idee einer besseren Lösung bzw. einer gerechteren Alternative nicht dementieren zu müssen.

5.4.2 Die Erzählerfigur

Der Autor entscheidet sich für einen fiktiven Chronisten, der als ungefähr 46-Jähriger von dem Geschehen im Ghetto nach ca. 22 bis 23 Jahren erzählt, an dem er als 23- bis 24-Jähriger beteiligt war. Der Autor billigt seiner Erzählerfigur zwar nur eine Rolle am Rande zu, aber immerhin die eines unmittelbar Beteiligten. Im Unterschied zu Ich-Romanen wie z. B. GRASS' *DIE BLECHTROMMEL* sind Erzähler und Hauptfigur zwei Personen. Diese Trennung erlaubt einen besonderen Blickwinkel und Erzählton, wie zu zeigen sein wird.

Aus verschiedenen Andeutungen des Erzählers erfahren wir, dass er 1921 geboren wurde (vgl. 25), mit Jakob und dessen Freunden auf dem Güterbahnhof Kisten schleppt und von Jakob auf der Fahrt ins Vernichtungslager dessen Geschichte hört. Wir erfahren Weiteres über die Erzähler-Biografie: Seine Frau Chana wurde unter einem Baum erschossen, ihn plagt eine Obsession durch Bäume und nach dem Kriege forscht er, um das Geschehene begreifen zu können. Denn als einer der wenigen Überlebenden will er vom Ghetto und seinen Leidensgenossen erzählen. **Einige Zeit nach dem Kriege** fährt er deshalb nach Lodz, um für seine Erinnerungsarbeit **alles in Ruhe angesehen, gemessen, geprüft und einfach bloß angesehen** (208) zu haben.

Die Ich-Erzählform ist gekennzeichnet durch einen deutlichen, durch die Zeit und ein verändertes Bewusstsein markierten Abstand zwischen erlebendem und erzählendem Ich; nur das erlebende Ich der Erzählgegenwart zeigt im Roman individuelle Kontur und ausgeprägtes Wertebewusstsein. Die gewählte Ich-Form begrenzt die Perspektive des erlebenden Ich auf einen subjektiven und damit begrenzten Erfahrungsbereich; sie signalisiert meist unmittelbare Teilnahme am Geschehen und damit eine Erzählerrolle als Augenzeuge und Mithandelnder, die souveräne Übersicht meist ausschließt. Von dem Handeln und den Gefühlen dieses erlebenden Ich erfährt der Leser dieses Romans kaum etwas. Nur gelegentlich wird eine bescheidene Rolle des Ich am Rande des Geschehens erkennbar: **An diesem**

blauen Tag bin ich der Austeiler (37). Offensichtlich nimmt sich der Erzähler zurück, um Jakob und die mit ihm Ermordeten hervorzuheben und zu ehren. Der Erzähler ist weitgehend auf die Aussagen Jakobs und anderer angewiesen, da er noch recht jung ist und nicht zur Gruppe um Jakob gehört. Aus der Ich-Form wechselt der Erzähler häufig in die Wir-Form über, einmal den Leser, dann die Juden im Ghetto einbeziehend. Die häufigere Wir-Form bezieht sich auf die Juden und verdeutlicht, dass alles Wichtige im Ghetto gemeinsam erlebt wurde – in ausdrücklicher Abgrenzung von der Tätern – und dass sich der Erzähler dem Schicksal der Juden verbunden fühlt. Dieser Wechsel von der Er- in die Wir-Form wirkt gelegentlich ironisch, kann auch als innerer Monolog in der ersten Person Plural gesehen werden:

> **Jakob stopft sich die Blättchen unter das Hemd** [...]. **Die lassen wir schön liegen, wir wollen keinen Ballast mit uns herumschleppen, die lernen wir spielend auswendig, vier Seiten Tote, der nächste Besucher soll auch noch seinen Spaß haben.** (104)

Der Erzähler spricht dabei sogar, in der Gegenwart schreibend, aber in der Vergangenheit lebend, Jakob direkt mit dem Du an: **Vor allem wollen wir wissen, wo die Russen bleiben, drei Wochen machst du uns den Mund schon wäßrig, wie es dir mit den Puffern nie gelungen ist** (100 f.). Es gibt auch Passagen, in denen die Zeitebenen der Vergangenheit und Gegenwart, zumal für beide Ebenen das Präsens gilt, kaum merkbar verschmelzen und zeigen, wie intensiv das später schreibende Ich noch in der Vergangenheit lebt und sich suggestiv die damalige Situation vergegenwärtigt: **Was wird er mit seinem Revolver machen, wenn Jakob sich umdreht? Was ist draußen auf dem Korridor? Wie wird sich der Posten verhalten, wenn er sieht, daß Jakob seiner gerechten Strafe entgangen ist?** (20)

Über weite Passagen zieht sich der Ich-Erzähler jedoch zurück, verlagert die Perspektive in die der Personen, vornehmlich in die Jakobs. Diese Form personalen Erzählens versetzt den Leser zum Schauplatz des Geschehens, ermöglicht ihm, aus dem Bewusstseinszentrum der Personen mitzuerleben, auch in Formen des inneren Monologs. Mit dieser Form figurenperspektivischer Darstellung löst sich der Erzähler von seinem Vorhaben, nur das zu erzählen, was er selbst erlebt oder erfahren hat, und gewinnt, zum Beispiel beim Blick in das Innere seiner Figuren, begrenzt auktoriale Übersicht.

Der Ich-Erzähler löst sich wiederholt von dem vergangenen Geschehen, wendet sich der Gegenwart der Nachkriegsgesellschaft zu und reflektiert über die Schwierigkeiten, seine Geschichte zu erzählen. Er hat **schon tausendmal versucht, diese verfluchte Geschichte loszuwerden, immer vergebens** (9). Das Schreiben hat für ihn existenzielle Bedeutung: Vermutlich muss er erzählen, um seiner Verantwortung gegenüber den Toten zu genügen und innere Ruhe finden zu können.

Die Schwierigkeiten zu erzählen liegen keineswegs allein bei ihm, bei seiner Erinnerungsarbeit und seinem Erzählverfahren, sie sind auch in der Situation der Nachkriegszeit begründet. Der Erzähler möchte gern **ein bißchen schwätzen [...], ohne ein Schwätzchen ist alles so elend traurig** (24), aber seine Zeitgenossen leben in einem anderen Erfahrungsraum und in anderer Zeitvorstellung. Das **flinke Leben** (vgl. 5.2) verhindert ein Schwätzchen, wie es zwischen Jakob und Kowalski möglich war; deshalb wird er seine Geschichte nicht los. Diesem **flinken Leben**, charakterisiert durch **Abwechslung, neue heitere Sorgen mit ein wenig Unglück dazwischen** (24), gilt die zwar verdeckte, aber dennoch scharfe Kritik des Erzählers. Versuche, über sein Thema des Völkermords an den Juden zu sprechen, scheitern, da er auf ein flüchtiges, eben **flinkes** Verständnis oder Mitleid trifft oder auf Entlastungsversuche (vgl. 25). In dieser Kritik an der Nachkriegsgesellschaft offenbart sich das Wertebewusstsein des Erzählers, der erwartet, dass die Menschen nicht so einfach zur Tagesordnung übergehen, sondern im Bewusstsein des Geschehens leben. Er erzählt seine Geschichte schließlich dennoch, weil es die **richtigen Leute** zum Zuhören doch geben könnte und weil er zum Erzählen **alles sehr schön beieinander hat** (9).

Diesen Lesern erklärt er, wie er zu seiner Geschichte gekommen ist und wie viel Wert er der Glaubwürdigkeit beimisst:

> **Ich möchte gerne, noch ist es nicht zu spät, ein paar Worte über meine Informationen verlieren, bevor der eine oder andere Verdacht sich meldet. Mein wichtigster Gewährsmann ist Jakob, das meiste von dem, was ich von ihm gehört habe, findet sich hier irgendwo wieder, dafür kann ich mich verbürgen. Aber ich sage das meiste, nicht alles, mit Bedacht sage ich das meiste, und das liegt diesmal nicht an meinem schlechten Gedächtnis. Immerhin erzähle ich die Geschichte, nicht er. Jakob ist tot, und außerdem erzähle ich nicht seine Geschichte, sondern eine Geschichte.** (43 f.)

Neben seinem eigentlichen Gewährsmann Jakob, der ihm auf dem Transport oder im KZ alles erzählt (vgl. 281 f.), weiß der Erzähler einiges von Mischa, anderes hat er selbst erlebt. Der Erzähler scheint großen Wert auf die Beglaubigung und Wahrscheinlichkeit seines Erzählens zu legen, wie die sich wiederholenden Beglaubigungsformeln zeigen. Aber **mit Bedacht** relativiert er gleichzeitig diesen Eindruck der Authentizität, indem er auf Lücken in der Geschichte hinweist und zugibt, dass er einiges erfinden muss:

> **Einiges weiß ich noch von Mischa, aber dann gibt es ein großes Loch, für das einfach keine Zeugen aufzutreiben sind. Ich sage mir, so und so muß es ungefähr gewesen sein, oder ich sage mir, es wäre am besten, wenn es so und so**

gewesen wäre, und dann erzähle ich und tue so, als ob es dazugehört. [...] Die Wahrscheinlichkeit ist für mich nicht ausschlaggebend, es ist unwahrscheinlich, daß ausgerechnet ich noch am Leben bin. Viel wichtiger ist, daß ich finde, so könnte oder sollte es sich zugetragen haben, und das hat überhaupt nichts mit Wahrscheinlichkeit zu tun, dafür verbürge ich mich. (44 f.)

Der Erzähler gibt zu, dass er sich vom Prinzip der Mimesis und damit der Wahrscheinlichkeit löst und mithilfe seiner Fantasie seine Geschichte zu vervollständigen sucht. Er mischt sich wiederholt **plump und direkt in die Handlung** (196) ein, um die **Löcher** zu erklären. Er könnte natürlich so tun, als erzähle er eine vollständige, abgerundete und plausible Geschichte, aber **das wäre gelogen** (207), zumal er zugibt, seine Geschichte nicht ganz zu verstehen. Zu dieser grundsätzlichen Schwierigkeit, den Holocaust zu verstehen und von ihm zu erzählen, kommt hinzu, dass fast alle Zeugen ermordet worden sind. Der Erzähler thematisiert also selbstkritisch und offen seine Erzählprobleme, gewährt dem Leser Einblick in seine Recherchen und seine Erfindungen, er weist auf Bruchstellen hin und nennt sogar seine psychischen Probleme, nämlich seine Obsession durch Bäume. Auf diese Weise erkennt der Leser, wie begrenzt und teilweise unzuverlässig das Wissen des Erzählers ist, aber der Leser wird gerade die Ehrlichkeit und Wahrhaftigkeit würdigen. Indem der Erzähler deutlich zwischen der Rekonstruktion der überlieferten Fakten, die natürlich auch fingiert sind, und seinen Erfindungen unterscheidet, gewinnt er beim Leser eine höhere Glaubwürdigkeit. Indem der Erzähler gesteht, wenn er etwas erfindet, beglaubigt er sein Erzählen, zumal er als einer erfindet, der die wirkliche Situation selbst kennt. Er kann zum Beispiel nicht hören, was Herschel Schtamm den Waggon-Insassen sagt, meint aber: [...] **aber denken kann ich es mir, und das hat nichts mit Vermutungen zu tun. Je länger ich überlege, um so klarer weiß ich seine Worte, auch wenn er sie mir nie bestätigt hat** (137).

In der zweiten Hälfte des Romans häufen sich Redewendungen wie **Ich stelle mir vor** (259), **ich denke mir** (261), **nehmen wir an** (262). Der Erzähler will nicht nur eingestehen, dass er erfinden muss, sondern auch den Anschein vermeiden, er erzähle nur eine tatsächliche individuelle Geschichte. Er will nicht **seine** (Jakobs, d. Verf.) **Geschichte, sondern eine Geschichte** (44) erzählen. Er will also vorrangig eine allgemein gültige Geschichte erzählen, die den Einzelfall zur allgemeinen Bedeutung erhebt. Zudem verweist eine Erzähleraussage wie **Es wäre am besten, wenn es so und so gewesen wäre** (44) auf die Kategorie der Möglichkeit. Der Anspruch, eine glaubwürdige Geschichte zu erzählen, erweitert sich: Die authentischen und an Fakten gebundenen Romanepisoden, ergänzt durch erdachte und mögliche Geschichten, gewinnen durch diese eine neue Dimension, die Dimension der Hoffnung und Humanität. Das Faktische und

Fiktive gehen zwar eine enge Verbindung ein, werden aber gewissenhaft vom Erzähler getrennt. Wobei aber daran zu erinnern ist, dass dieses Faktische auch fiktiv ist, nur eben dem realen Geschehen angenähert. Dieser Widerspruch innerhalb des Fiktionalen, der sich insbesondere in den beiden Romanenden zeigt, deutet auf die Erzählabsicht hin. Der Erzähler (sicherlich auch der Autor) will das ausweglose Leiden und den Untergang der Juden authentisch erzählen, gleichzeitig aber eine neue Dimension eröffnen, die es erlaubt, sich nicht blind den authentischen Fakten zu unterwerfen, sondern im Ausprobieren verschiedener Möglichkeiten (z. B. bei den zwei Romanenden) Hoffnung zu gewinnen.

Fassen wir zusammen: Der Erzähler begnügt sich nicht damit, eine reale Welt widerzuspiegeln. Er vermag sich angesichts seines Themas zwar nicht von diesem Realitätsbezug zu lösen, aber er beansprucht Freiheit im Umgang mit den Fakten. Denn er will sich der unerträglichen Realität nicht ausliefern. Somit relativiert er den authentischen Ablauf des Geschehens und lässt den Leser an seiner Erzählproblematik teilhaben, verhindert also, zumindest phasenweise, die Identifikation mit den Personen und unmittelbare Einfühlung in ihr Leid. Die oben vorgestellten Elemente des Erzählsystems, z. B. das Fluktuieren des Erzählverhaltens, der Erzählformen und Erzählhaltung, sowie das Spannungsverhältnis zwischen dem traditionellen Erzählanspruch **So war es** und dem gegenläufigen **So könnte es gewesen sein** bieten dem Leser eine wechselnde Optik auf das Erzählte. Nicht nur eine individuelle, sondern auch eine allgemein gültige Geschichte wird erzählt, die im Aufzeigen von Möglichkeiten die Utopie eines sinnvollen Lebens eröffnet.

5.4.3 Erzählstil und Darstellungsweise

Dem Entsetzlichen Ausdruck zu geben ist kein spezifisches Gestaltungsproblem der Moderne. Von dem Entsetzen in der antiken Tragödie über die Gräuel des Dreißigjährigen Krieges und die Exzesse während der Französischen Revolution bis zum Massensterben im Ersten Weltkrieg – immer wieder forderte dies zur künstlerischen Darstellung heraus. Im zwanzigsten Jahrhundert erreicht das Entsetzliche eine neue Dimension, wobei die NS-Vernichtungsmaschinerie das Massensterben im Gulag Stalins, das Wüten der chinesischen Kulturrevolution und der Kommunisten um Pol Pot und die Massenmorde auf dem Balkan noch an Monstrosität übertraf. Die Sprache stößt bei diesen Verbrechen an die Grenze ihrer Möglichkeiten und es ist an unsere Ausgangsfrage zu erinnern: Verfehlt eine literarische Darstellung, zu denken ist an die raffinierte Perspektivierung, an die Motiv- und Symbolgestaltung und an die Erzählweise, ihren Gegenstand? Bedeutet künstlerische Stilisierung nicht eine ästhetische Verklärung des

Grauens bzw. wird hier ein Sinn einem Geschehen beigemischt, das absolut sinnlos ist? Baumgart, der diese kunstkritische Position vertritt, glaubt, dass nur ein Dokument dem Schrecken wahren Ausdruck verleihen könne.[37] Erst ein Dokument, zum Beispiel ein Augenzeugenbericht aus dem Ghetto, aus einem KZ vermöge dem Grauen adäquaten Ausdruck zu verleihen und Mitleiden und tiefe Erschütterung zu bewirken. Dagegen wenden sich Schriftsteller, so auch Jurek Becker, mit dem Argument, dass ein solcher Betroffenheitsdiskurs nur Ohnmacht offenbare und auch erzeuge. Fiktionale Texte dagegen könnten das hohe Pathos bzw. den heiligen Ernst vermeiden und mit ihren spezifischen Gestaltungsmitteln ein Lesen ermöglichen, das Einfühlung *und* Distanz erlaube. Sie schilderten statt des Verbrechens mehr den Schatten, den die Tat werfe, zeigten statt der großen Mordaktion eher die nur scheinbar kleinen Verstörungen in der Psyche des Menschen.

Nun gibt es durch diesen heiligen Ernst geprägte Literatur, zum Beispiel Ilse Aichingers Geschichte *Die grössere Hoffnung* oder Albrecht Goes Erzählung *Das Brandopfer*. Von dieser Erwartungshaltung aus irritieren zunächst Werke, die das Grauen mit Mitteln der Verfremdung und der Komik darstellen, ebenso wie Werke mit einem Erzählton, der phasenweise an ein **Schwätzchen** erinnert. Wie schon dargelegt (vgl. Kapitel 5.3.3), lässt sich im Satz **Wir wollen jetzt ein bißchen schwätzen** (24) ein poetisches Gestaltungsprinzip erkennen. Dessen Wirkungsweise wird in einer Episode im Revier der Deutschen deutlich. Akute Todesgefahr hindert Jakob, besser gesagt: den Erzähler, nicht daran, sich mit einem schwarzen Ledersofa zu beschäftigen, auf dem der Wachhabende liegt. Von diesem Sofa schweifen Jakobs Gedanken, im Erzählerbericht vermittelt, zu einem Leihgeschäft mit einem Makler Rettig im Jahre 1936. Damals hat er auf dem Ledersofa gesessen.

Diese Art einer anekdotenhaften Abschweifung erinnert erneut an die Kommunikationsgemeinschaft und Fabulierlust osteuropäischer Juden. In den anekdotenhaften Episoden zeigt sich eine Erzählkunst, die im Sinne der Erzählabsicht die auf den Ausgang zielende Spannung abbaut, zum Beispiel dadurch, dass auf die Zeit vor dem Ghetto zurückgeblickt wird. Dieser Rückblick kann auch als Hinweis gedeutet werden, dass sich alles ändern kann. So wie Jakob früher auf dem Sofa des Maklers Rettig gesessen hat und so wie jetzt der SS-Mann darauf liegt, wird eine Zeit kommen, in der einer wie Jakob das Sofa nutzen könnte. Dieses Erzählen, das die Personen auf der Handlungsebene ebenso wie den Erzähler kennzeichnet, hilft, das Schreckliche zu relativieren, indem man es in einen größeren Zusammenhang rückt oder es an den Rand drängt, um dafür das Private in den Mittelpunkt zu stellen. An anderer Stelle unterbricht der Erzähler zum Beispiel den Handlungsgang, der Kowalskis Drängen und die schnelle Verbreitung der Radionachricht schildert, um recht umständlich über die Freundschaft zwischen Kowalski und Jakob zu **schwätzen** (vgl. 38 f.).

Auf diese Weise wird Spannung abgebaut sowie der hohe und feierliche Ton der Betroffenheit vermieden. Die Aufmerksamkeit des Lesers wird von einer vordergründigen Spannung auf die innere Situation der Figur gelenkt, wozu deren bisherige Lebenserfahrungen, Denkweisen und Eigenheiten gehören.

Als ein zweites Gestaltungsmittel sind die Darstellungsformen des Komischen, Ironischen und Humorvollen zu nennen, von denen das Komische am ehesten trifft, sodass man auch von einer komisierenden Darstellung sprechen könnte. Alle Rezensenten betonen übereinstimmend, wie bedeutsam Komik, Humor, Ironie und Verfremdung für die ästhetische Form und Wirkung dieses Romanes sind; einige verweisen auf ähnlich angelegte Werke, zum Beispiel auf die Erzählungen J. BOBROWSKIS sowie auf den Roman *DIE BLECHTROMMEL* von GÜNTER GRASS. Ein solches, sich Mittel des Komischen, der Verfremdung und der Groteske bedienendes Erzählen bedeutet einen entschiedenen Bruch in der herkömmlichen Holocaust-Literatur. Das Grauen der Massenvernichtung kann natürlich nicht lächerlich sein, sondern die Begleitumstände und die Täter, gelegentlich auch die Opfer, indem sie in ihrer banalen Alltäglichkeit gezeigt werden. GRASS *inszeniert* in seiner *BLECHTROMMEL*, aus Sicht seines missgestalteten Helden, eine grotesk-komisch wirkende Reichspogromnacht. Geschehnisse und beteiligte Personen wirken durch überscharfe bzw. überzeichnete Details komisch.

Es dürfte den Rahmen dieser Untersuchung sprengen zu definieren, was unter Komik, Ironie, Satire und Verfremdung im Einzelnen zu verstehen ist und wie diese voneinander abzugrenzen sind.[38] Begnügen wir uns, Steinlein folgend (vgl. Anm. 9), mit dem allgemeinen Begriff des Komischen und verstehen darunter zunächst die Abweichung von einer Norm, die Enttäuschung einer Erwartung, die Gestaltung des Kontrastes und der Gegenperspektive. BECKERS Roman, so eine erste Klärung, gehört kaum zur satirischen Gattung, zielt nicht direkt auf eine **Lachstimmung**, sondern auf eine eher verhaltene, nachdenklich-selbstironische Komik. J. BECKER bekennt sich zu seiner Vorliebe für den Erzähler, der **Sprachregeln verletzt, der sozusagen die Sätze und die Worte zerbricht, um nachzusehen, was drin ist**; er bevorzugt den **unangemessenen Erzählstil**, denn das, was unangemessen **komisch daherkam**, war ihm **immer das Eindrücklichere gewesen.**[39] Das Komische ergibt sich durch die Situation, die komisch sein kann (vgl. die Klo-Episode), aber mehr noch durch das Subjekt, in dessen Perspektive sich das Gegenständliche bricht. Dies bewirkt einen **anderen** Blick auf den Gegenstand und eröffnet eine Gegenperspektive. Meist ist es der Erzähler, der hinter den Figuren steht und deren Lügen, Einbildungen und Verstellungen durchschaut – z. B. mit verstehendem, versöhnlichem Blick (vgl. das Spiel Frankfurters mit seiner Pfeife, 47 f.). Aber die Spielarten des Komischen reichen ins Satirische, wenn Schmidts Blindheit oder das selbstherrliche Auftreten der SS-Leute dargestellt werden. Oft verbirgt sich der Erzähler hinter seinen Figuren und sieht aus deren Sicht das Ghettoleben in komischer Brechung. Dabei wird das Schreckliche keineswegs ausgespart, aber an den Rand gedrängt und eher beiläufig in einzelnen Episoden erwähnt. Auf diese Weise wird die Spannung zwischen der komisierenden Darstellung und dem angesprochenen Sachverhalt, dem jedes komische Element fehlt, potenziert. Wenden wir uns einem ersten Beispiel zu: der Revierszene (10 ff.). Über Jakob, der laut Ghettosatzung noch 15 Minuten Zeit hat, um seine Wohnung zu erreichen, heißt es:

> **Und auf einmal hat er überhaupt keine Zeit mehr, nicht eine halbe Sekunde, denn es wird hell um ihn. Das geschieht mitten auf dem Damm der Kurländischen, [...] wo früher die Damenschneider ihr Zentrum hatten. [...] Links an der Ecke ist der ehemalige Laden von Mariutan, einem zugewanderten Rumänen, der inzwischen wieder nach Rumänien zurück mußte, um die Interessen seines Landes an der Front wahrzunehmen.** (10)

Wieder schweift der Erzähler, so unsere erste Beobachtung, von der eigentlichen, sich zuspitzenden Handlung ab, verlangsamt das Tempo und spricht plaudernd von den Damenschneidern und einem Laden des Rumänen, von Dingen also, die nicht zu einer spannungsvollen Begebenheit gehören und zunächst nicht interessieren. Er will nicht nur, indem er die Vergangenheit einbezieht, das Geschehen situieren und in einen größeren zeitlichen Zusammenhang einbetten, der an Zeiten der Normalität erinnert. Er vermag auf diese Weise, indem er andere Figuren nennt, zu zeigen, wie Jakobs Leben in ein Geflecht anderer Schicksale eingebettet ist. Der Erzähler will jedoch, so ist anzunehmen, vornehmlich entdramatisieren, indem er abschweift und Einzelheiten anführt, die in dieser Situation überflüssig, ja ablenkend erscheinen. Ein zweites Element des Entdramatisierens fällt auf. Für Jakob Heym geht es um Leben und Tod, da er hilflos einem deutschen Wachposten ausgeliefert ist, der sein Spiel mit ihm treiben will. Aber nicht diese Gefahr wird vom Erzähler dargelegt, sondern er weicht aus und spricht leicht verharmlosend von der Zeit, die Jakob nicht mehr hat. Die komische Wirkung resultiert aus dem Gegensatz zwischen der Tatsache einer Todesgefahr und ihrer sprachlichen Wiedergabe. Das Bedrohliche der Situation wird zwar nicht zurückgenommen, aber es wird abgebogen, nicht direkt ausgesprochen. Eine mögliche Lesererwartung auf einen Spannungsgipfel wird enttäuscht. Der Leser, in eine distanzierte Position versetzt, wird weniger zum Mitfühlen angehalten als vielmehr zur distanzierten Betrachtung. Er muss zum Beispiel das Gesagte in das Gemeinte zurückübersetzen und damit wird eher die Denkleistung als die Einfühlungsbereitschaft des Lesers gefordert.

Wie ist diese komisierende Sicht zu deuten? Zunächst kann sich eine unterlegene gegen die überlegene Gruppe wehren, indem sie das Unterdrückungsverhältnis in einem komischen Licht erscheinen lässt. Aber die Funktion der Komik ist umfassender zu sehen, wie folgende Überlegungen zeigen. Nicht nur die Zeitangabe **überhaupt keine Zeit mehr, nicht eine halbe Sekunde**, sondern auch die Bemerkung **die Interessen seines Landes an der Front zu vertreten** erscheinen hier unpassend. Der Erzähler übernimmt, scheinbar wider besseren Wissens, eine faschistische Propagandaformel, welche den Sachverhalt verfälscht. Denn der Rumäne, der gegen seinen Willen zurück in sein Land musste, verteidigt an der Front nicht die **Interessen seines Landes**, sondern die Interessen der faschistischen Clique in Rumänien, die mit den Deutschen verbündet ist. Indem die Propagandalüge zu Wort kommt, wird sie entlarvt; der Widerspruch zwischen Gemeintem und Gesagtem, hier auf engstem Raum und eher beiläufig, ist eklatant, sodass man auch von Satire sprechen kann. Die Spielarten komisierender Darstellung entlarven also, dies ein zweiter Aspekt, auch Propagandalügen und falsches Bewusstsein. Wählen wir eine weitere Passage: **Die Stimme klingt nicht einmal böse, eher milde, man hätte Lust, ein wenig zu plaudern, der Humor soll nicht zu kurz kommen** (10 f.). Wieder zeigt sich ein Widerspruch zwischen Sachverhalt und Gesagtem. Der Erzähler tut so, als versetze er sich in die Position des Soldaten, und zeigt ihn als Menschen, der nur **plaudern** und den Humor **nicht zu kurz kommen** lassen will. Wird hier brutale Willkür beschönigt, werden Gegensätze versöhnt und die Brutalität verharmlost? In dieser Sicht erscheint der nachfolgende Dialog zwischen Jakob und dem Soldaten als eine alltägliche spannungsfreie Unterhaltung wie in Friedenszeiten. Aber die Aussage erscheint nur vordergründig humorvoll-versöhnlich. Denn in ihren Tiefenstrukturen und im Kontextbezug vibriert die gesamte Passage, die Jakob im Revier zeigt, vor untergründiger Spannung und der Leser erkennt die Doppelperspektive: hier der scheinbar versöhnliche Vordergrund, dort die Gegenperspektive, die auf das Bedrohliche verweist. Harmlos hört sich auch das weitere Geschehen an. Als Jakob zum **Haus da drüben** geschickt wird, weiß er, dass **es beim Stand der Dinge** (11) nur das Revier sein kann. Der **Scheinwerfer begleitet ihn, macht ihn auf die Unebenheiten im Pflaster aufmerksam** (11 f.). Wieder wird **getäuscht**, wird das brutale Faktum der zynischen Quälerei eines hilflosen Menschen umschrieben durch Ausdrücke wie **Stand der Dinge** oder es wird sogar weitgehende Hilfsbereitschaft und Humor suggeriert, wenn es heißt, dass der Scheinwerfer auf **Unebenheiten im Pflaster aufmerksam** macht.

Wir erkennen in solchen Passagen die Position eines traurigen Humoristen, dessen angemessene Reaktion auf das Leiden die Darstellungsform des Komischen ist. Mit den Worten KUNDERAS: **Die Tragik verschafft uns die schöne Illusion menschlicher Größe und damit Tröstung. Das Komische ist grausamer: Es enthüllt uns brutal die allgemeine Belanglosigkeit. Ich vermute, daß alles Menschliche einen komischen Aspekt hat** [...].[40] So radikal nutzt BECKER das Komische nicht. Aus seiner Sicht hilft das komisierende Prinzip, so unser dritter Deutungsaspekt, damit der Einzelne nicht in Leid und Verzweiflung untergeht, sondern sich in seinem Bewusstsein wehren kann, ohnmächtig zwar nach außen, aber mit einer inneren Gegenposition.

Nun gilt der Spott des Humoristen allen Personen und Gruppen. Nehmen wir einige Belege dafür, wie auch die Opfer Gegenstand komisierender Darstellung werden, zum Beispiel Jakob:

> **Jakob geht gehobenen Herzens zur Arbeit** [...]. **Gehobenen Herzens, denn die Stunden im Bett waren reich an wichtigen Entschlüssen, die Verbindung zur Außenwelt ist wiederhergestellt. Das Radio hat die halbe Nacht gespielt,** [...] **bis der Schlaf ungerufen gekommen ist, aber da hatte man schon die und jene Botschaft im Ohr, und nicht von schlechten Eltern. Gehobenen Herzens, denn das Flämmchen der Erwartung soll nicht verlöschen, so Jakobs Ratschluß, die halbe Nacht hat er dafür Reisig, Holz und Zunder gesucht. Ihm ist ein beachtlicher Sprung nach vorne gelungen, ihm und den Russen** [...]. **(149 f.)**

Jakobs Entschluss, nach Herschel Schtamms Ermordung seine Rolle bewusster zu gestalten, wird auf übertrieben wirkende Weise, als ginge es um eine Staatsaktion, dargelegt; so heißt es voller Pathos: ›**gehobenen Herzens**‹, ›**reich an wichtigen Entschlüssen**‹. Aber diese Aufwertung wird gleich wieder abgeschwächt. So zum Beispiel durch den salopp-umgangssprachlichen Ausdruck **nicht von schlechten Eltern** oder die metaphorischen, verniedlichenden und auf diese Weise ironisch angelegten Wendungen **Flämmchen der Erwartung** und **Reisig, Holz und Zunder**. Wieder nutzt der Erzähler ein maskiertes Sprechen, diesmal nicht, um satirisch zu entlarven oder durch scharfe Kontrastierung die Situation zu verdeutlichen. Gegenüber den Opfern greift er zur komisierenden Darstellung, um sie nicht als Helden oder tragische Opfer, sondern als Menschen mit Vorzügen und Unzulänglichkeiten hinzustellen. Hier lässt sich von einem versöhnlichen Humor sprechen. Nachdem Jakob **Reisig, Holz und Zunder** gefunden hat, also Stoff und Ideen für neue Geschichten, kann sich sein Erzähltalent frei entfalten, wie, auf völlig andere Weise, die russische Armee gegenüber den Deutschen. Die überraschende Verquickung zweier Bereiche, die kaum gegensätzlicher sein könnten, wirkt ebenso komisch wie die Wiedergabe der Gedanken Jakobs: **In dieser Branche sind Zurückhaltung und falsche Scham nicht angebracht, du mußt da aus dem vollen schöpfen** (151). Der Spott des Erzählers, erkennbar an der unangemessenen Ausdrucksweise, gilt hier Jakobs Fabulierlust. Der Spott wird noch deutlicher, wenn Jakob seine Einfälle zum Kriegsgeschehen mit Ausdrücken wie **Glanzlicht, Rosinen und Kuchen** (152) verknüpft. Die erste Ebene, das Kriegsgeschehen, wird in der Fantasie Jakobs verdrängt bzw. überlagert von einer zweiten Ebene, die anzeigt, dass Jakob Gefallen, und zwar zu großen Gefallen an seinem Erzählen gefunden hat. Aber Jakob erkennt bald, dass er auf seine **Rosinen**, also seine ausschmückenden Fantasien, um der Wahrscheinlichkeit willen verzichten muss; der Spott des Erzählers gilt einem Erzählen, das zu sehr auf poetischen Glanz aus ist und den Bezug zur Realität verliert.

Auch anderen Juden gilt der Spott. Wenn von Kowalski gesagt wird, dass er **im Handumdrehen zum Helden reifen sollte** (93), falls er Jakobs Radio übernimmt, liegt, jetzt aus Jakobs Sicht, das Stilmittel ironischer Übertreibung vor. Die unpassende Formulierung **im Handumdrehen** ebenso wie der Ausdruck **zum Helden reifen** ironisieren durch die unangemessene Formulierung und Übertreibung und auf indirekte Weise wird eine Schwäche Kowalskis aufgedeckt. Er ist im Gegensatz zu Jakob feige. Aber seine Feigheit wird nicht satirisch bloßgestellt, sondern nur mild und verstehend verspottet, da Heldentum weder zum Charakter Kowalskis noch zur Situation passt. Aber im Lichte dieser Feigheit wird Jakobs Heldentum aufgewertet.

Eine andere Variante des Komischen besteht in einem vorgetäuschten Einverständnis der Opfer mit der Position der Täter. Wie schon erwähnt (vgl. Kapitel 5.3.3), wird die Essensausgabe als lästige Unterbrechung einer gern ausgeübten Arbeit hingestellt: **Wir stellen uns also in einer Reihe auf, ohne Eile, […] damit der Anschein entsteht, man befindet sich hier unter gesitteten Menschen.** (37)

Die kaum zu überbietende Dissonanz zwischen Aussage und Realität hat satirische Qualität. Im maskierten Sprechen wird der quälende Hunger, der durch die unzureichende Mahlzeit nicht gestillt wird, überblendet durch eine Darstellung, die gerade durch die Schärfe der Kontrastierung auf die unmenschliche Situation aufmerksam macht. Die von den Deutschen erzwungene Ordnung der Reihe ist das Gegenteil eines **gesitteten** Verhaltens; die Fassade dieser Ordnung wird zerstört und auf das Inhumane durch das Stilprinzip des Gegensatzes aufmerksam gemacht. Zudem ermöglicht die Komik den Opfern, zu ihren Unterdrückern Distanz zu gewinnen und sie indirekt zu verspotten, indem in übertreibender Weise deren Standpunkt vertreten wird.

Die Klo-Episode
(Analysebeispiel)
Wählen wir die Klo-Episode, um das Stilprinzip des Komischen noch einmal im Detail darlegen zu können. Jakob wagt es, das den Deutschen reservierte Toiletten-Häuschen aufzusuchen, um einen Zeitungsteil zu ergattern. Aber als ein deutscher Soldat das Häuschen aufsuchen will, erschrickt Jakob zu Tode: [...] **nichts ist in Ordnung, gar nichts, auf dem Weg zurück liegt Mine neben Mine** (105). Die Metaphorik **Mine neben Mine** sowie die verharmlosend erscheinende Ausdrucksweise **nichts ist in Ordnung** bedeuten ein unangemessen wirkendes Understatement, stellen in erster Linie nicht das Eigentliche, die Todesgefahr, heraus, sondern den subjektiven Reflex Jakobs. Aussagen wie zum Beispiel: [...] **dir bleibt jetzt nur das kleine ovale Loch, in ihren Mist hinein. Wozu du dich nicht überwinden kannst, mager genug wärst du** (105) verharmlosen nicht wirklich, rücken aber die Szene in ein komisch wirkendes Licht. Auf diese Weise wird die Vorstellung des Lesers auf einen Detailaspekt gelenkt, der – wesentlich durch die sprachliche Präsentation bedingt – unernst wirkt.

Die Grenzen zwischen Erzähler- und Monologstimme sind in dieser Sequenz nicht scharf zu ziehen, sie vermischen sich. Beide Stimmen rücken tendenziell von dem Prinzip psychologischer Wahrscheinlichkeit ab und gewinnen eine überraschende Optik. Ein weiteres Beispiel aus Erzählersicht: Der deutsche Soldat merkt nicht, **daß da gar keine heruntergelassene Hose prangte, die das Bild abgerundet hätte, wozu aber der Kopf nicht kühl genug und die Zeit zu kurz war** (105). Der Erzähler verlangsamt das Erzähltempo, stellt zeitlupenhaft dar und dehnt somit die Zeit. Er scheint aus seinem erzählerischen Abstand heraus die Situationskomik auszukosten, da er sie durch eine unangemessene Darstellung noch verstärkt, wie das Verb **prangen**, aber auch seine Kommentierung **die das Bild abgerundet hätte** anzeigen. Zwei weitere Beispiele sollen das Gesagte verdeutlichen: **Jakobs Knie erinnern ihn mit Nachdruck, daß er kein Jüngling mehr ist, wie leichtfüßig auch der Weg hierher zurückgelegt wurde, man merkt das immer erst so spät** (105). **Die Blättchen auf dem Rücken fangen an zu kleben, man wird sie trocknen müssen vor Gebrauch** (106). Die Todesangst Jakobs wird nicht verschwiegen, denn die zitternden Knie und der Angstschweiß werden genannt, aber aus einem Blickwinkel, der ein tieferes Mitfühlen des Lesers erschwert. Sowohl die Erzähler- als auch die Monologstimme Jakobs betonen weniger die dramatische Spannung als vielmehr das Komische der Situation. Dieser Kontrast zwischen Sachverhalt einerseits und Perspektive und Darstellung andererseits prägt auch die nächste Sequenz.

Denn auch der deutsche Soldat, im Glauben, einen Deutschen vor sich zu haben, wirkt lächerlich. Er schimpft über einen Marotzke, der schon wieder

Heimaturlaub habe, während er bei den **Knoblauchfressern** bleiben müsse. Statt nun Jakobs Todesangst zu schildern, wird ein innerer Monolog Jakobs eingeblendet, durch einen Erzählerhinweis (vgl. Z. 5 f.) unterbrochen:

> **Du lieber Himmel, Knoblauch, wenn man eine einzige Zehe hätte, hauchdünn auf warmes Brot gestrichen, du Idiot, ein Schulz oder ein Müller wird auf dem Klosett vermutet, ein Marotzke nicht Wohlgesonnener, an sich ein Treffer, wer Marotzke auch ist. Jakob lehnt sich gegen die Rückwand und schließt die Augen, auf heldenhaftes Aufbäumen könnt ihr lange warten, seins ist erledigt. Der Kamerad da draußen ist am Zug, er muß die Handlung in Trab halten.** (106)

Plausibel ist zwar die erzähltechnische Verlagerung ins Bewusstseinszentrum Jakobs, ungewöhnlich jedoch sind dessen Gedanken. In souveräner Manier nimmt er Aussagen des deutschen Soldaten auf und kommentiert sie als der angesprochene **Knoblauchfresser.** Er nimmt diesen Vorwurf wörtlich und antwortet – allerdings unausgesprochen –, als läge eine Alltagssituation zwischen Gleichgestellten vor. Er beschimpft den unkundigen Soldaten als **Idiot** und legt die Köstlichkeit eines mit Knoblauch bestrichenen Brotes dar. Jakob greift zu einem Thema, der Delikatesse Knoblauchbrot, und zu einer Sprachebene, dem Schimpfwort **Idiot**, die in dieser Situation völlig überraschend wirken und über den wahren Charakter der Situation hinwegtäuschen. Der Erzähler verzichtet auch hier auf psychologische Wahrscheinlichkeit und verleiht Jakob eine unangemessene Kaltschnäuzigkeit. So auch, wenn dieser die Namen der Deutschen in Beziehung setzt und wertet: **an sich ein Treffer.** Die Stimmen von Figur und Erzähler wechseln; zunächst hören wir für einen Moment den Erzähler (Z. 5 f.), aber danach vermengen sich Erzähler- und Figurenstimme: **Der Kamerad da draußen ist am Zuge, er muß die Handlung in Trab halten.** Erzähltechnisch hören wir Jakobs Stimme, aber der Erzähler spricht mit, wenn von der Handlung gesprochen wird, die **in Trab** zu halten ist. Die Erzählerstimme löst sich sodann von der Figurensicht und gewinnt Übersicht über Zeit und Raum: **Wer soll auch ahnen, daß an dem Wunder schon gearbeitet wird, in groben Zügen ist es schon entworfen** (106 f.). Jakobs Rettung aus größter Not wird auf der höheren Ebene des auktorialen Erzählers ironisch präsentiert. Das Nomen **Wunder** steht in Spannung zu der Verbform **gearbeitet** und dem Adverbiale **in groben Zügen.** Diese unangemessene Zusammenfügung heterogener Elemente wirkt komisch; diese Stilform entdramatisiert das Geschehen und verleiht der Szene eine eigentümlich entspannende Wirkung. Der Leser wird nicht von dramatischer Spannung eingefangen, sondern aus dem Strom der Ereignisse herausgenommen, sodass er Abstand gewinnen und sogar lachen kann. Voraussetzung dieser Darstellung ist zunächst, dass die jeweilige Geschichte gut ausgeht.

Versuchen wir, unsere Deutung des Darstellungsprinzips abschließend darzulegen. Nicht nur die untragisch ausgehende Episode, sondern auch das Gesamtgeschehen rückt in eine andere Sicht. Der Leser nimmt die Nazi-Opfer nicht nur als Erniedrigte, als auszurottendes Ungeziefer wahr und gewöhnt sich nicht an deren Objektrolle. Indem das Verbrechen ebenso wie die Qual der Opfer – im Vergleich zur Realität – etwas zurückgenommen werden, können die Opfer durch die Darstellungsform menschliche Würde zurückgewinnen. Das Tragische bzw. das Pathos könnten eine Leidensgröße vortäuschen und einen Sinn implizieren, den es in der absurden Welt der Lager, im Leiden der Opfer nicht gibt. Ein weiterer Aspekt: Die Verfremdungsmittel, also Formen der Komik und Ironie, nutzen auch die Figuren als eine Art Überlebensstrategie. Anders als bei Schriftstellern wie HILSENRATH, aber auch KAFKA, die ebenfalls das Schreckliche im Komischen darstellen, sind die Figuren nicht in diesem Schrecklichen gefangen. Ironie und Komik stehen bei BECKER nicht nur dem außenstehenden Leser, sondern auch den Opfern zur Verfügung.

Das Darstellungsprinzip scheint auf den ersten Blick nicht zum Gegenstand zu passen. Aber nach unserem Verständnis zielt die Darstellung auf eine Distanz- bzw. Reflexionshaltung des Lesers, gleich weit entfernt von tragischer Hoffnungslosigkeit bzw. tragischem Pathos und Verharmlosung bzw. Beschönigung. Gerade die Konfrontation von tragischem Geschehen mit dieser Darstellungsform ergreift den Leser, so unsere Auffassung, stärker als eine nur auf Einfühlung zielende ernste Darstellung. TH. W. ADORNO erklärt die ästhetische und damit Abstand nehmende Haltung gegenüber dem Unheilszusammenhang der modernen Geschichte, die Überführung des Holocaust-Themas in den literarästethischen Diskurs mit den Worten: **Das Unmenschliche daran, die Fähigkeit, im Zuschauen sich zu distanzieren und zu erheben, ist am Ende das Humane.**[41]

5.4.4 Symbol- und Motivgestaltung

Das Symbol des Baumes

Greifen wir aus den erzählerischen Mitteln zunächst das in die Sinnmitte des Romans führende Baum-Symbol heraus, das für die erzählte Gegenwart und die Vergangenheit aufschließende Bedeutung gewinnt. Im rätselhaft erscheinenden Reden des Erzählers über die Bäume scheint ein Grundmotiv des Erzählens zu liegen. Der Roman beginnt damit, dieses Symbol vorzustellen.

> **Ich höre schon alle sagen, ein Baum, was ist das schon, ein Stamm, Blätter, Wurzeln, Käferchen in der Rinde und eine manierlich ausgebildete Krone, wenn's hochkommt, na und? Ich höre sie sagen, hast du nichts Besseres, woran du denken kannst, damit sich deine Blicke verklären wie die einer**

> **hungrigen Ziege, der man ein schönes fettes Grasbüschel zeigt?** […] **Na gut, es ist zwar ziemlich geistlos, aber wenn es dir solchen Spaß macht, spielen wir dieses alberne Spiel noch ein bißchen weiter, ganz wie du willst.** (7)

Im Gespräch mit dem Leser wird der Baum zunächst auf einer ersten Bedeutungsebene vorgestellt. Die vorweggenommene Leserreaktion **ein Baum, was ist das schon** bezieht sich auf diese erste Verstehensebene. Das Baummotiv erscheint rätselhaft, da die zweite Bedeutungsebene noch nicht in den Blick gerät. Der Erzähler greift Leseräußerungen auf wie: **Na gut, es ist zwar ziemlich geistlos,** […] **spielen wir dieses Spiel noch ein bißchen weiter.** Er übernimmt den Blickwinkel der Leser und seine Einwände: Dieses Reden über Bäume sei **geistlos** und ein **albernes Spiel**, aber eben ein Spiel, und so mache er aus Gutmütigkeit ein wenig mit. Erst im zweiten Abschnitt gibt er die Antwort, dass Bäume in seinem Leben eine **gewisse Rolle** gespielt haben, die **möglicherweise** […] **überbewertet wird** (7). Seine Gründe: Zunächst ist er als Kind vom Baum gefallen, als Siebzehnjähriger hat er sein erstes Liebeserlebnis unter einem Baum gehabt und ist dabei von Wildschweinen gestört worden, seine Frau Chana ist später unter einem Baum erschossen worden und, der letzte und wichtigste Punkt: Bäume sind im Ghetto verboten worden. Diese Gründe für seine schwer fassbare, tiefe Beziehung zu Bäumen sind unterschiedlich: Eher belanglose und bedeutungsschwere werden zunächst unterschiedslos genannt. Aber sodann konzentriert er sich auf das Verbot der Bäume im Ghetto: Alle Verbrechen der Nazis könnte er letztlich rational nachvollziehen, nur das Verbot der Bäume begreife er nicht. Eine rätselhafte Aussage. Bäume, so unser Verständnis, verdeutlichen für ihn nicht nur, wie zum Beispiel bei Brecht[42], Leben, das Naturschöne und Lebenszuversicht, sondern gewinnen existenzielle Bedeutung. Schwer nachvollziehbar ist, dass der Erzähler alle Maßnahmen im Ghetto verstehen könnte, nur das Verbot der Bäume nicht. Eine erste Erklärung ist, dass sie **›Wegmarken auf dem Lebensweg des Erzählers‹, ›Kennzeichen freien Lebensraums im Gegensatz zu den Todesräumen der Unfreiheit‹, ›Zeichen der Hoffnung‹ sind.**[43] Bäume werden in diesem Sinne leitmotivisch immer wieder erwähnt, auch in den Schlusssätzen:

> **Und Leute sehe ich, die unserem Zug nachschauen und deren Gesichter ich nicht erkennen kann, vor allem aber sehe ich Bäume, die ich fast schon vergessen hatte, obwohl ich noch ein junger Kerl bin, Unmengen von Bäumen.**
> […] **Bis ich Jakobs Stimme höre: ›Willst du nicht endlich schlafen?‹**
> **›Laß mich noch ein bißchen stehen‹, sage ich.**
> **›Aber du siehst doch gar nicht mehr‹, höre ich ihn sagen.**
> **›Doch.‹**
> **Denn ich sehe noch Schatten von Bäumen, und schlafen kann ich nicht, wir fahren, wohin wir fahren.** (282 f.)

Es gibt jedoch Passagen, die über diese leitmotivische Bedeutung hinausreichen und sich nur auf *einen* Baum beziehen. Aufschlussreich ist die Aussage, dass die Augen des Erzählers sich verklären, wenn er **an diesen Baum** (9) denkt. Der Erzähler schränkt also in bemerkenswerter Weise ein. Er hat auf der Fahrt ins Vernichtungslager viele Bäume gesehen, in der Nachkriegszeit sieht er überall **aufgeforstete Wälder** (24), Städte im Grünen und gepflegte Parks mit vielen Bäumen, aber diese Bäume meint er nicht in erster Linie. Es heißt von diesen Bäumen: **Aber wenn er mir in die Augen sieht, der Baum, um nachzusehen, ob sie sich verklären, dann muß ich ihn enttäuschen, denn er ist es nicht** (26). Die Augen des Erzählers verklären sich nur bei einem bestimmten Baum und dieser eine Baum kann offensichtlich nur im Zusammenhang mit Jakob gesehen werden. Ziehen wir eine weitere Passage heran, die sich mit dem ausbleibenden Widerstand im Ghetto beschäftigt.

> **Wahrscheinlich werde ich nie damit fertig, ich habe es nicht besser verdient, mein ganzer privater Kram mit den Bäumen hat sicher damit zu tun und meine schlimme Rührseligkeit und die Freigebigkeit meiner Tränensäcke. Es hat dort, wo ich war, keinen Widerstand gegeben. (99)**

Der Erzähler leidet unter der Passivität der Juden und seiner und aller Unterwerfungsbereitschaft; er hat **Verordnungen auswendig gelernt** und sich **strikt an sie gehalten** (99) – für ihn eine traumatische Erinnerung und Erklärung für seinen **Kram mit den Bäumen**, seine Obsession. Nur Jakob hat sich als Einziger nicht an die Verordnungen gehalten. Nur er erinnert an den gemeinten Baum, obwohl der Erzähler dies zunächst verneint: **Dabei erinnert Jakob, wenn man ihn sieht, in keiner Weise an einen Baum.** [...] **Er hat Angst wie wir alle** [...]. (9) Wenngleich Jakob nicht ein Kerl **wie ein Baum** ist, **groß, stark, ein bißchen gewaltig**, bei dem man sich **anlehnen möchte**, konnte die **gottverdammte Geschichte** (9) ohne ihn nicht passieren. Der Ausdruck **gottverdammte Geschichte** führt ein wenig in die Irre. Denn gerade diese Geschichte Jakobs hat in übertragenem Sinne mit einem Baum zu tun, bei dem man eine Stütze findet in trostloser Zeit, bei dem sich folglich die Augen des Erzählers verklären können. Denn Jakob hat als fast Einziger die Angst überwunden, hat Widerstand geleistet und ist zum Hoffnungsträger geworden, zunächst für die Ghetto-Bewohner. Mit den Worten des Erzählers:

> **Keine drei Sätze sind ihm über die Lippen gekommen, ohne daß von seiner Angst die Rede war, aber ich will von seinem Mut erzählen. Von diesen Bäumen zum Beispiel, von diesen Bäumen, die es nicht gibt und die ich suche, an die ich nicht denken will und muß, und meine Augen werden feucht dabei, davon hat er keine Ahnung gehabt, das ist einzig und allein meine Sache. (44)**

Der Erzähler verknüpft, ohne es direkt auszusprechen, Jakobs Mut mit den Bäumen. Auch wenn Jakob kein **Kerl wie ein Baum** ist, sieht er in Jakob diesen Baum: **Wenn ich damals gewußt hätte, was du alles kannst, ich wäre zu dir gekommen und hätte dich gebeten, mir einen Baum zu zeigen** (162). Jakob ist den Juden dieser Baum, da er lebensentscheidende Hoffnung spendet. Bäume, Symbol der Hoffnung und des Lebens, sind im Ghetto verboten, das schlimmste Verbot für den Erzähler. Nur Jakob vermag Hoffnung zu geben, ohne welche die Ghettoinsassen innerlich tot sind.

Nach dem Krieg sucht der Erzähler erneut diese Bäume bzw. diesen Baum, aber vergeblich. Seine Augen können sich nicht verklären. Gemeint ist mit dem Verb **verklären** offensichtlich, dass er, sich von der Realität abwendend, eine Art Vision gewinnt. Die Suche des Erzählers nach einer solchen **Verklärung** bleibt zunächst ergebnislos. Aber es ist deutlich, dass er sich einen Baum selbst schaffen will, dass Jakobs Geschichte jetzt die Bedeutung eines Baumes gewinnen kann, die ihm und seinen Lesern Hoffnung zu geben vermag. Die Formulierung **das ist einzig und allein meine Sache** verdeutlicht die Entschlossenheit seines Vorhabens, am Vorbild Jakobs orientiert, seine Geschichte zu erzählen. Eine Geschichte, in der die Figur Jakobs, mit der Symbolik des Baumes verbunden, zu einem komplexen Zeichen für das Prinzip Hoffnung wird, auf das wir im nächsten Kapitel noch eingehen werden. Der Erzähler benötigt auch in der Nachkriegsgesellschaft den Schutz und die Stütze eines solchen **Baumes**. Denn die Leute zeigen sich unfähig, seine Erinnerungen in ihr begrenztes Weltbild einzufügen. Er benötigt eine Figur, die Hoffnung erzeugen, eine Geschichte, welche der trostlosen Wirklichkeit eine Hoffnungsvision geben kann.

Motivgestaltung am Beispiel der **Radiosendungen**

Als ähnlich umfassende Zeichen erweisen sich die Radiosendungen, ja Kunststückchen, die Jakob Lina vorführt. Diese drei **Radiosendungen**, insbesondere das Märchen, werden zu Elementen einer eigenwertigen poetischen Ebene. Es zeigte sich bereits, dass die Art und Weise, wie die Juden miteinander **schwätzen**, und insbesondere Jakobs Geschichten eine Überlebenshilfe darstellen, indem diese ablenken, Distanz ermöglichen und Hoffnung wecken. Jakob hat nach Herschels Tod erkannt, dass er seine Kunst verbessern, **aus dem vollen schöpfen** und etwas **vorspielen** (151) muss. Dieses *Spiel* veranstaltet er allein für Lina, da sie ihn quält, das Radio vorzuführen. Aber das eigentliche Motiv verrät Jakob am Ende dem Erzähler, der es unbegreiflich findet, ein 10-jähriges Mädchen einzuweihen: **Ich mußte irgend jemandem endlich mein Radio zeigen, und Lina war mir von allen die liebste dafür, mit ihr war es wie ein Spiel. Alle anderen wären**

über die Wahrheit entsetzt gewesen, sie hat sich hinterher gefreut (161 f.). Lina ist für Jakob die ideale Zuhörerin, weil sie nicht den Zweck sieht, die Nachrichten über den Vormarsch der Sowjetarmee, sondern das Spielerische bzw. Kunstvolle an den Vorstellungen. Sie entdeckt den Betrug mit dem Radio, aber sie setzt sich still hin und ihr **Vergnügen am Zuhören ist nicht kleiner geworden** (170). Auch Jakob genießt das Spiel und wird allmählich von **Ehrgeiz gepackt** (168), als er bei seiner zweiten Vorstellung eine Blaskapelle imitiert. Der Erzähler kommentiert:

> **Mag sein, zuviel Mühe für ein Kind wie Lina, das mit weniger Gefeiltem auch zufrieden wäre, aber ich erinnere, Ehrgeiz ist im Spiel, eine freiwillige Prüfung, und Meisterschaft gedeiht am besten ohne Zwang.** [...] **Mit einem Satz, ein Stück Musikgeschichte wird geschrieben, Jakob feiert Triumphe.** (168 f.)

Jakob entfaltet eine **Meisterschaft**, da er **ohne Zwang** nur seiner Spielfreude nachgeben und schöpferisch sein kann. In der Welt des Todes entfaltet sich eine ästhetische Gegenwelt, die nur ihren eigenen Gesetzen gehorcht. Diese sich verselbstständigende schöpferische Fantasie erinnert durchaus an Scholem Aleychem, den fantasievollen Erzähler des Schtetl, auch wenn Jakob dies bescheiden leugnet (vgl. 102). Aber gegenüber den Erwachsenen im Ghetto verzichtet Jakob auf solche Kunststücke, auf solche **Glanzlichter**, da sich Zweifel melden, **die Wahrscheinlichkeit betreffend** (152).

Betrachten wir Jakobs dritte **Sendung**, das Märchen von der kranken Prinzessin. Eine Prinzessin sehnt sich nach einer Wolke. Als sie keine **richtige** Wolke erhält, erkrankt sie und droht zu sterben. Ein Gärtnerjunge erklärt ihr, Wolken bestünden aus Watte und sie erhält ein Stück Watte, groß wie ein Kissen, und wird gesund. Die Wolke kann als Metapher für scheinbar unerfüllbare Sehnsüchte begriffen werden. Diese Wolke des Märchens besteht zwar nur aus Watte, ist also ebenfalls ein Betrug wie die Radiolügen Jakobs. Aber die Illusion hilft, die kranke Prinzessin wird gesund. Lina glaubt an die Wahrheit des Märchens wie die Prinzessin. Erst später, auf dem Transport ins Vernichtungslager, hört der Erzähler einem Gespräch zwischen Jakob und Lina zu, in dem Lina ihre Meinung wiederholt, dass **man wieder gesund werden kann, wenn man ein Stück Watte bekommt** (280). Jakob erklärt ihr sodann, wieso die Prinzessin gesund werden konnte: **Der Witz ist, daß sie dachte, Wolken sind aus Watte, und nur deswegen war sie mit der Watte zufrieden** (281). Jakobs Antwort verdeutlicht, worauf es ankommt: Im Märchen ist man auf die subjektive Bereitschaft zu glauben ebenso angewiesen wie die Ghettobewohner bei seinen Geschichten. Diese Glaubensbereitschaft vermag die Welt sowohl im Märchen – die Prinzessin wird gesund – als auch im realen Ghettoalltag zu verändern. Lina verwechselt Fantasie und Realität, der Prinzessin und den Zuhörern

Jakobs vergleichbar. Das Märchen verdeutlicht die Macht der Illusion bzw. Imagination, welche die Wirklichkeit zu verändern, sich über niederdrückende Kausalitäten, über Räume und Zeiten hinwegzusetzen und zu befreien vermag. Ähnlich wie die Prinzessin und Lina, die Illusion und Realität vertauschen, lassen sich die Ghettobewohner mit einer **viel verrückteren Geschichte** (281) über ihre Situation täuschen. Wie Lina erfahren sie am Schluss die Wahrheit. Lina erfährt, dass Wolken nicht aus Watte sind, die Ghettobewohner lesen den Deportationsbefehl (vgl. S. 273 f.). Jakobs Erzählen ist gescheitert und er steht im engen Halbkreis entsetzter Juden **wie ein Spaßmacher, der im entscheidenden Moment seinen Text vergessen hat** (275).

Die Märchen- und Fantasiewelt ist an der Wirklichkeit zerbrochen, aber dennoch hält der Roman eine fragile Balance zwischen beiden Welten – allein schon durch den doppelten Schluss. Im Märchenmotiv spiegelt sich die Erzählidee, nämlich darzulegen, dass Märchen, dass ästhetisch und erst recht ethisch begründete **Lügen** – um der Hoffnung und Wahrheit willen – einen Raum der Utopie eröffnen können. Das Motiv der kunstvollen Lüge verweist aber auch recht konkret auf ein handlungsorientiertes Erzählen. Zur Verdeutlichung sei noch einmal auf BECKERS Roman *DER BOXER* (S. 216–229) hingewiesen. Hier erzählt ein Vater, Aron, seinem Sohn eine Lüge. Er habe nämlich früher Boxunterricht genommen, um sich seines Peinigers erwehren zu können. Aron will mit dieser Lüge seinen Sohn bewegen, sich in feindlicher Umgebung zu wehren. Zum Motivkomplex Lüge, vielschichtig im Erzählwerk BECKERS genutzt, gehört also zunächst die Lüge als Überlebensstrategie in schwieriger Zeit, gehört aber auch ihre Fähigkeit, einen Raum der Hoffnung eröffnen zu können.

6 Der Roman im Kontext des Holocaust-Diskurses

6.1 Wirklichkeit und Fiktion Zum Problem der Fiktionalisierung

Der Roman behandelt ein historisches, eindeutig durch Quellen belegbares Geschehen auf fiktionale Weise. Der Roman ist auf vielfältige Weise mit diesen Fakten verflochten und gerade angesichts dieser Fakten darf der Roman sich nicht weit davon entfernen, um glaubwürdig zu sein. Denn die fiktionale Welt darf nicht mit der Welt der Tatsachen kollidieren. Zunächst hat es den Anschein, als sei der Erzähler mit allen Mitteln – zu denken ist an seine Recherchen mit dem Metermaß (vgl. 21) – bemüht, eine authentische Geschichte zu erzählen. Aber wie schon dargelegt, löst sich der Erzähler vom ästhetischen Prinzip der Mimesis, richtet sich nicht primär nach dem Gesetz der Realitätstreue und Wahrscheinlichkeit; er will seine Geschichte nicht mit dem Anspruch schreiben, sie sei eine Wiedergabe des tatsächlich Geschehenen. JUREK BECKER erläutert in einem Interview:

> **Das Metermaß des Erzählers im Roman ist ein Kürzel, ein Bild, das ich dem Leser in den Kopf pflanzen möchte, damit er glaubt, ich sei außerordentlich sorgfältig mit meiner eigenen Vergangenheit umgegangen und mit einer Geschichte, die offenbar daraus ist. [...] Aber ich wollte die Ghettowirklichkeit möglichst genau kennen, um zu wissen, wo ich sie verlasse.[44]**

Notwendigerweise bleiben also die Tatsachen Maßstab und Prüfstein für sein Erzählen. Genauer gesagt: Der Erzähler muss die Tatsachen erst genau kennen, wofür das Bild des Metermaßes steht, um künstlerisch gestalten zu können. Einige Ergebnisse seiner Recherchen lässt er aus, wie dargelegt (vgl. Kapitel 5.4.2), und erfindet stattdessen, da es ja seine Geschichte ist. Die narrative Strategie ist dadurch gekennzeichnet, dass sie sich vom Anschein löst, Authentisches zu erzählen, und deutlich macht, dass ein Möglichkeitsraum entworfen wird – innerhalb des unverzichtbar einzuhaltenden Realitätsrahmens.

Zu fragen ist nach den Bedingungen fiktionalen Erzählens über den Holocaust, danach, wie es gelingt, eine eigene Erzählwirklichkeit zu konstituieren, und wie diese fiktive zur realen Wirklichkeit steht.

Schicken wir einige grundsätzliche Überlegungen voraus. Es gibt die schon zitierte Auffassung, dass nur Tatsachenberichte von Augenzeugen diesem Thema gerecht werden, während die literarische Darstellung diese Fakten aufweiche und durch ihre Symbolgestaltung einen Fluchtweg in die Oberflächlichkeit darstelle. In J. E. JOUNGS *BESCHREIBEN DES HOLOCAUST* findet sich der Vergleich, dass das Bild des Holocaust **nicht auf dem Amboß des Historikers, sondern im Schmelztiegel des Schriftstellers gestaltet wird.**[45] Der Unterschied zwischen dem **Amboß des Historikers** und dem **Schmelztiegel des Schriftstellers** gilt in der Untersuchung als nicht grundsätzlich, da weder der Historiker noch der Augenzeuge objektiv berichten könnten und an ihren Stil ebenso wie an ihre subjektiv geprägte Perspektive gebunden seien. Der Vorzug eines Romans wie *Jakob der Lügner* liegt, verfolgt man diesen Gedanken weiter, darin, dass er von vornherein auf den Objektivitätsanspruch verzichtet. Denn die Illusion, eine objektive Geschichte in dem Sinne zu erfahren, dass sie mit den historischen Tatsachen übereinstimme, wird konsequent zerstört. Die Formen eines Diskurses, ob nun von einem Schriftsteller, einem Augenzeugen oder einem Historiker, sind, wie dargelegt, unterschiedlich, wenn auch nicht in einer kategorial eindeutigen Weise; aber sie sind sich einig in den Zielen. Sie wollen aufklären, erinnern, warnen. Die Darstellung des Historikers strebt an, zu Aussagen zu kommen, die nachprüfbar sind und, berücksichtigt man die oben vorgetragenen Einschränkungen, objektivierbar sind. Der Erzähler eines literarischen Werkes erschließt dem Leser Erfahrungsräume bzw. Möglichkeitsräume, die parallel zu historischen Tatsachen angeordnet sind. Aber der Erzähler sucht nicht die widerspruchsfreie, in sich stimmige Rekonstruktion des Tatsächlichen, sondern vermag das Widersprüchliche, das Paradoxe und Mögliche darzustellen.

Die Authentizität, um die sich der Erzähler und damit auch unser Autor bemühen, ist eine andere als die des Historikers. Die literarische Authentizität, zumindest im Sinne Beckers, liegt auf einer anderen Ebene; er sucht Glaubwürdigkeit gerade auch dadurch zu erreichen, dass er dem Leser Einblick in seine Position und sein Erzählkonzept gewährt. Sein Erzähler will nicht wie ein Historiker erklären: **Ich bin kein Erklärer, ich erzähle eine Geschichte, die ich selbst nicht verstehe** (207). Er erzählt zumindest phasenweise nach dem Motto: So **könnte oder sollte es sich zugetragen haben** (44 f.). Diese Aussage gründet sich, so unser Verständnis, nicht nur auf die unzureichenden Informationen, sondern reicht weiter. Die Wahrheit des Geschehens und des Menschen muss auch durch das Erzählen von Möglichkeiten erfasst werden. Nicht das niederdrückend faktische, sondern auch das erträumte Leben, das Leben, wie es auch sein könnte, ist Teil der Wahrheit. Diese Möglichkeiten sind nur in der Fiktion darzustellen; hier kann man die Wirklichkeit des Tatsächlichen überschreiten und Daseinsvarianten erfinden.

Die Verbindung zu Max Frisch drängt sich hier auf, für den eine Erzählung glaubwürdig ist, **auch wenn ich weiß, daß die Geschichte, die ich erzähle, nie geschehen ist und nie geschehen wird: wenn ich verzichte auf**

die Täuschung, die im epischen Imperfekt liegt.[46] Auch Jurek Becker entscheidet sich für das Präsens, das dem Erzählgestus **Ich stelle mir vor** mehr entspricht als das Imperfekt: **Es war einmal.** Da also nicht vorrangig erzählt wird, als sei es real geschehen, sind für Frisch und Becker Varianten möglich.

Wirklichkeit und Fiktion stehen jedenfalls in einer komplizierten und schwierigen Balance, wie allein schon der doppelte Schluss signalisiert; einerseits die Möglichkeit eines gerechten und schönen Endes in der ersten Version, andererseits in der zweiten Version das schreckliche Ende gemäß dem Anspruch des tatsächlich Geschehenen. Die erzählerischen Möglichkeiten, die Jakob ebenso wie der Erzähler nutzt, zur brutalen Wirklichkeit eine humanere Alternative zu entwerfen, werden zurückgenommen. Beide kapitulieren vor der Wirklichkeit: Jakob muss sein Lügen gestehen und der Erzähler einräumen, dass sein erster Schluss zwar schön und gelungen ist, aber an der Wirklichkeit scheitert. An diesem Gegensatz von Fiktion und Realität zerbricht am Ende die ästhetische Einheit des Romans, d. h. die Macht der Wirklichkeit setzt sich durch, ohne allerdings die alternativen Möglichkeiten zu negieren.

Greifen wir zur Verdeutlichung der schwierigen Balance zwischen Realität und Fiktion auf einen anderen Holocaust-Roman, der das Motiv der Lüge auch im Titel hat, zurück.

Louis Begley, der als jüdisches Kind, Jurek Becker vergleichbar, die Nazi-Zeit in Polen überlebte, schreibt über diese Erfahrungen auch keine Autobiografie, sondern einen Roman. Er bedient sich wie Becker einer fingierten Wirklichkeitsaussage. Sein vorrangiges Motiv ist es, sich angesichts des Unerträglichen der Erinnerung eine Kindheit zu erfinden – ebenfalls der Realität angenähert. Es heißt: [...] **unser Mann hat eine Kindheit, die zu erinnern er nicht ertragen kann; er hatte sich eine Kindheit erfinden müssen.**[47] Wie Becker lehnt er diese Art autobiografischen Erinnerns ab (vgl. Kapitel 3.2), gerade auch deshalb, weil er die Distanz und den Möglichkeitsraum des Fiktionalen benötigt.

6.2 Der Holocaust-Diskurs

Auschwitz wurde zwar zum Sinnbild der Nazi-Verbrechen. Wir entscheiden uns jedoch für den weitergehenden Begriff Holocaust, da er die Ghettoisierung der Juden einbezieht. Die Bedenken gegenüber dem Begriff Holocaust beziehen sich darauf, dass dieser fremd und abstrakt klingt und Konnotationen der Wirklichkeit fehlen, die sich bei Worten wie Völkermord oder Ausrottung der Juden einstellen. Eine gewisse Gefahr der Bagatellisierung des Grauens liegt somit vor. Unter Diskurs verstehen wir **die immense und multimedial erzeugte Aussagemenge**[48] zu einem Thema.

Auf die sich fortwährend weiterentwickelnde Aussagemenge, auf die Positionen und Strategien dieses Diskurses kann nur knapp hingewiesen werden. Der Diskurs entzündet sich im Wesentlichen an folgenden Daten: Nürnberger Prozesse (Hauptkriegsverbrecherprozess 1945–46), der Eichmann-Prozess in Jerusalem (1961), die Auschwitz-Prozesse in Frankfurt am Main (1963–1965), das antifaschistische Aufklärungsbemühen der Studentenrebellion (1967/68), die amerikanische Fernsehserie *Holocaust* (1979), der Film *Schindlers Liste*, die Debatte um die Historisierungsmöglichkeiten des Nationalsozialismus (sog. Historikerstreit, 1985), dann die Diskussion um die Rolle der Wehrmacht im Zweiten Weltkrieg und das Verhalten der **gewöhnlichen Deutschen** (Goldhagens Buch *Hitlers willige Vollstrecker*, 1996). Nach dem Kriege beherrscht, von bedeutsamen Gegenstimmen abgesehen, die kollektive Entlastungsformel **Wir haben nichts gewusst** das Alltagsbewusstsein. Allmählich und schrittweise, orientiert an den oben genannten Daten, wird das Thema zu einem öffentlichen Diskurs und beherrscht phasenweise die öffentliche Debatte in Westdeutschland. Konzentrieren wir uns, ehe wir uns unserem Autor zuwenden, auf wesentliche Positionen dieses Diskurses. Adornos häufig zitierter Satz, es sei barbarisch, nach Auschwitz ein Gedicht zu schreiben, ist hinreichend erörtert und von ihm selbst zurückgenommen worden. In diesem Zusammenhang steht eine andere Aussage von ihm: **Hitler hat den Menschen im Stande ihrer Unfreiheit einen neuen kategorischen Imperativ aufgezwungen: Ihr Denken und Handeln so einzurichten, daß Auschwitz sich nicht wiederhole, nichts Ähnliches geschehe.**[49] Schriftsteller und Intellektuelle fühlen sich diesem höchst anspruchsvollen, ja schroffen Postulat verpflichtet, so zum Beispiel Peter Weiss, so Jurek Becker; sofern sie sich nicht für ein Verstummen aussprechen, da die Sprache ohnmächtig sei, das Unsagbare auszudrücken. Elie Wiesel sagt dazu:

> **Eigentlich darf es eine literarische Inspiration überhaupt nicht mehr geben, nicht mehr in Verbindung mit Auschwitz [...]. Wie in vieler Hinsicht hebt Auschwitz auch hier sämtliche geltenden Gesetze auf, zerstört es alle Grundsätze. [...] Eine Geschichte über Maydanek ist fast schon eine Gotteslästerung. Nein, es ist Gotteslästerung.**[50]

Aber die Literatur, die Kulturindustrie (siehe die oben erwähnten Verfilmungen) und die pädagogische Literatur nehmen sich des Themas auf ihre Weise dennoch an. Weit davon entfernt, darin eine Gotteslästerung zu sehen, gehört das Thema Holocaust zum Kern ihrer Aufklärungsarbeit. Gegen diesen Diskurs, der die öffentliche Debatte deutlicher bestimmte als die Aussagen der Schriftsteller und Intellektuellen, wehrt sich Ruth Klüger. Sie sieht darin eher gängige Rituale einer vordergründigen Vergangenheitsbewältigung, die verfälschen:

> Es liegt dieser Museumskultur (gemeint sind Auschwitz-Besuche und Gedenkfeiern, d. Verf.) ein tiefer Aberglaube zugrunde, nämlich daß die Gespenster gerade dort zu fassen seien, wo sie als Lebende aufhörten zu sein. Oder vielmehr kein tiefer, sondern eher ein seichter Aberglaube, wie ihn auch die Grusel- und Gespensterhäuser in aller Welt vermitteln. Ein Besucher, der hier steht und ergriffen ist, und wäre er auch nur ergriffen von einem solchen Gruseln, wird sich dennoch als ein besserer Mensch vorkommen. [...] Ich meine, verleiten diese renovierten Überbleibsel alter Schrecken nicht zur Sentimentalität, das heißt, führen sie nicht weg vom Gegenstand, auf den sie die Aufmerksamkeit nur scheinbar gelenkt haben, und hin zur Selbstbespiegelung der Gefühle?[51]

Die Autorin kritisiert die privaten und öffentlichen Bemühungen, die Vergangenheit aufzuarbeiten; sie warnt davor, Auschwitz durch eine **Kitsch-Aura** zu verklären, und sie denkt dabei an die oben erwähnten Verfilmungen. Auch JUREK BECKER wendet sich wie KLÜGER gegen verfälschende Sentimentalität, gegen eine Erinnerungskultur, die **weg vom Gegenstand** führt und der Selbstbespiegelung dient. Aber während KLÜGER sich gegen eine unwahre Erinnerungskultur wendet, trifft der Erzähler in BECKERS Roman, hier offensichtlich dem Autor nahe, auf eine unsensible, ja verstockte und nur dem Alltagsgeschäft zugewandte Gesellschaft. Auch er lehnt wie KLÜGER eine ›escape story‹ ebenso ab wie die Heroisierung des Widerstandes in einem Roman wie von BRUNO APITZ: *NACKT UNTER WÖLFEN*. In APITZ' Roman steht ein jüdisches Kind im KZ Buchenwald im Mittelpunkt, das von Häftlingen gerettet wird. Parallel dazu gelingt ein kommunistisch geführter Aufstand, der zur Selbstbefreiung führt. Eine Legendenbildung, denn in Wirklichkeit wurde Buchenwald von den Alliierten befreit. BECKER formuliert bei einer Diskussion zu dem Thema **Zur Zukunft des Erinnerns:**

> Ich möchte die Frage stellen, wozu dieses Sicherinnern nütze ist? Was für ein Gewinn soll daraus entspringen? Ich würde mich mit der Antwort: ›Damit wir wissen, was da gewesen ist‹, nicht zufrieden geben. Das reicht mir nicht. Ich glaube, daß der größte und im Grunde der eigentliche Gewinn beim Umgang mit Vergangenheit, mit schrecklicher Vergangenheit, darin bestehen muß, der Gefahr einer Wiederholung dieser Vergangenheit vorzubeugen. Der Umgang mit der Vergangenheit hat gefälligst den Blick für die Gegenwart zu schärfen. Wenn ich sozusagen über den Umgang mit Vergangenheit erreiche, daß ein gegenwärtiges Alarmsystem installiert wird, daß ein gewisser Zuwachs an Empfindlichkeit stattfindet, daß ein Blick für Gewalt gegeben ist, daß ein Blick für Einflußmaßnahmen gegeben ist, dann ist der Umgang mit Vergangenheit sinnvoll.[52]

Diese Äußerung BECKERS, zunächst der eines ADORNO, einer RUTH KLÜGER vergleichbar, gibt Aufschluss über Motive seines Schreibens.

Während Becker sich mit der Mehrzahl seiner Zuhörer und Leser eins weiß in der Abwehr gegen eine wiederkehrende Bedrohung von rechts, greift Klüger, von der Position ihres jüdischen Andersseins ausgehend, gängige Äußerungsformen des Holocaust-Diskurses an und betont die Schwierigkeiten, sich gemeinsam mit den Deutschen erinnern zu können.

6.3 Diskursstrategien und Rezeption des Romans in der DDR

DDR-Literatur, die auch heute noch ernst zu nehmen ist, folgte nicht den Direktiven der Partei, die antifaschistische oder kommunistische Heldensagen im Sinne des schon genannten Romans von Apitz erwartete. Also Literatur mit festgelegter optimistischer Zunkunftsperspektive, dem sozialistischen Realismus und Humanismus verpflichtet. Diese Perspektive fehlt in Beckers Roman und seine Figuren entsprechen nicht der offiziellen Literaturdoktrin: Jakob ist ein Durchschnittsmensch, dem Einsichten in das Wesen des Faschismus ebenso fehlen wie Ansätze eines sozialistischen Bewusstseins. In den Romanen von Apitz und A. Seghers (*Das siebte Kreuz*) dagegen sind die Romanhelden stärker als die Nazi-Wölfe. Die offizielle Kunstdoktrin nach dem Krieg ließ sich von einer Art Lebenslüge des Systems leiten, dass nämlich die Wurzeln dieses Staates im Antifaschismus lägen. Der deutsche Arbeiter habe in der DDR einen endgültigen Sieg über den Faschismus errungen und durch Beseitigung seiner ökonomischen Grundlagen erübrige sich eine weitergehende ernsthafte Auseinandersetzung mit der NS-Vergangenheit. Es war durchaus erwünscht, von den Verbrechen der Nazis zu sprechen, nicht aber über weiterwirkende Verhaltensmuster, nicht über grundsätzliche Anpassungsbereitschaft in Diktaturen. Stephan Hermlin beklagte: **Die meisten retteten sich in unverbindliches Bedauern, in Verkleinerung, in Schweigen.**[53] Autoren wie Hermlin, Christa Wolf und Jurek Becker wollten gegen den Willen der Partei das weiterwirkende faschistische Syndrom untersuchen und Verhaltensweisen aufdecken, die eine Disposition zum Faschismus ergeben und 1945 eben nicht ausgelöscht waren. Entschieden wandten sich die Literaten gegen Tendenzen in der DDR, sich selbst zum Sieger der Geschichte zu erklären und Heroen des Widerstandes und des Aufbaues zu präsentieren, und fragten stattdessen: **Wie sind wir so geworden, wie wir heute sind?**[54] Für sie mussten Verhaltens- und Denkmuster in Elternhaus, Schule und Organisationen, die eine Disposition zum Faschismus bereitstellten, geprüft und auf Opportunismus, auf Vorurteile, Verstellung, Gehorsamsbereitschaft und undifferenziertes Pflichtbewusstsein hin gesichtet werden.

In diesem Schreibimpuls berühren sich die Schriftsteller in Ost- und Westdeutschland; sie schreiben gegen das Verdrängen, Vergessen und Verschweigen; sie wollen für die Trauer bereitmachen. Aber indem sie Verhaltensmuster freilegen, die zum Nationalsozialismus führten, kommen auch Fehlentwicklungen in der DDR in den Blick. Die Gruppe der Schriftsteller der DDR befindet sich damit nur vordergründig auf der Linie des parteioffiziellen Diskurses, der sich formelhaft als sozialistischer Realismus bezeichnen lässt. Ihnen wird eine außerliterarische, eine politische Aufgabe aufgebürdet: Es wird erwartet, dass sie zur Bildung des sozialistischen Bewusstseins beitragen. Und viele von ihnen bindet ihre lebensgeschichtliche Erfahrung an das sozialistische System, das den Faschismus besiegt hatte, das einige, wie JUREK BECKER, aus dem KZ befreit hatte. Diesen Schriftstellern kommt oft eine Doppelrolle zu, indem sie, neben ihrem Erziehungsauftrag im Sinne der Partei, eine kritische Öffentlichkeit herstellen und einen Ersatz für Opposition bilden. Autoren wie GÜNTER DE BRUYN, CHRISTA WOLF, JUREK BECKER, CHRISTOPH HEIN befreien sich allmählich von einer Identifikation mit dem System und lösen sich vom ästhetischen Grundkonzept des sozialistischen, nicht aber eines kritischen Realismus. Von diesen Grundkonsens eines kritischen Realismus distanzieren sich Autoren der DDR nur selten, d. h. ihr Schreiben ist deutlich an Inhalten und einer moralischen Grundhaltung orientiert. Nur vereinzelt finden sich Werke radikaler Modernität, geprägt durch Merkmale wie ästhetische Autonomie, Autorreflexivität, Diskontinuität, Fabellosigkeit. Auch das Romanwerk BECKERS, durch die Diskursstrategien in der DDR geprägt, ist dem Bereich der engagierten Literatur zuzuordnen.

Literatur soll aus der Sicht eines DDR-Lesers, oft angesichts der Zensur zwischen den Zeilen, Nichtanpassung und Unzufriedenheit mit dem Bestehenden ausdrücken. Diese Unzufriedenheit mit dem Bestehenden kennzeichnet auch den Roman *JAKOB DER LÜGNER*, aus dessen Sicht eine tiefer gehende Auseinandersetzung mit der faschistischen Vergangenheit unterbleibt. Der im Roman angesprochene Leser, zunächst als DDR-Leser zu verstehen, erscheint im Roman als problematische Figur: auf Vergessen des Holocaust und auf bequemes Leben bedacht. Indem die genannten Autoren sich im Einzelnen der von der SED propagierten Perspektive verweigern, nicht systemstabilisierend schreiben, geraten ihre Werke – zumindest in ihren Tiefenstrukturen – in die Nähe eines Gegendiskurses. Dies zeigt zum Beispiel eine Rezension unseres Romans im ***Neuen Deutschland.*** Neuberts Rezension deutet die Schwierigkeiten einer offiziellen, der Kunstdoktrin entsprechenden Rezeption an. Das Thema, auch die künstlerische Gestaltung finden Beifall, nicht aber die Uneindeutigkeit der Aussage. Neubert vermisst die **mächtige moralische Reserve**, die allein das **Vertrauen aus Klassenposition und politischem Bewußtsein**[55] zu geben vermag (vgl. Mat. 6).

7 Die schriftstellerische Position Beckers

7.1 Aspekte einer Poetik

Versuchen wir aus methodischen Gründen zunächst vom Romantext zu abstrahieren und wenden uns der Poetik des Autors zu, nicht ohne auf biografische und gesellschaftliche Bedingungen noch einmal knapp zu verweisen. Wie dargelegt (vgl. Kapitel 3), liegt der zentrale Schreibimpuls in BECKERS Erfahrungen als Jude und als Sozialist. BECKERS Werk ist ohne diesen Erfahrungshintergrund nicht denkbar, aber er löst sich weitgehend von einer Wiedergabe dieser Realitätselemente. Die **erfundene Genauigkeit** kommt ihm **überzeugender**[56] vor als die, die er zu sehen bekommt. So hat er die Erzählung seines Vaters von einem Radio im Ghetto entscheidend umgeändert. Er löst sich damit vom Wirklichkeitsbericht des Vaters und enttäuscht sowohl dessen Erwartungshaltung als auch die der Partei. Erinnern wir noch einmal an seine Position:

> **Das meiste, was ich erlebe, ist nicht gut genug, um es aufzuschreiben. Ich nehme mir davon, was ich brauche. Manchmal erfinde ich Erlebtes solange um, wie ich es gern haben möchte. Ich erfinde mir eine Geschichte zusammen, mache mir eine Geschichte zurecht, und nur insofern von mir Erlebtes für diese Geschichte von Belang ist, taucht es partiell darin auf.**[57]

BECKER löst sich souverän von Vorgaben der Realität und entwickelt eine ästhetische Position, die sich nicht einfach den Kategorien Modernität und Tradition zuordnen lässt. Nutzen wir zur ersten Klärung diese Kategorien als Hilfsbegriffe. BECKER lehnt den parteioffiziellen Realismus als eine Fassadenkunst ab, verzichtet auf konforme Illusions- und Legendenbildung; er misstraut einem literarischen Helden mit herausragenden Eigenschaften, der den Lesern als Vorbildfigur präsentiert wird. Er wählt stattdessen einen Figurenerzähler, verlagert die Erzählperspektive in das subjektive Bewusstsein einer Figur; er bricht die Fiktionalität auf und lässt den Leser Einblicke in sein Erzählverfahren gewinnen; er lässt Leerstellen, Ungereimtheiten und Widersprüche zu; er erzählt in polyphoner, also in mehrstimmiger Weise, wie z. B. die Erzählereinmischungen und der doppelte Schluss anzeigen. Ein solches Erzählen scheint sich, vereinfachend gesagt, einer engagierten Literatur zu verweigern und die Position künstlerischer Autonomie einzunehmen. Aber es wurde bereits deutlich, dass der Roman *JAKOB DER LÜGNER*, charakterisiert durch eindeutige Fabel, Erzählspannung und lineare Erzählstruktur, deutliche Wahrheiten und Appelle an den Leser enthält.

Vergleichen wir beide Positionen, hier zentrale Elemente einer modernen Ästhetik, dort die einer engagierten Literatur, so müssen wir versuchen, Beckers Position in Abgrenzung beider zu bestimmen. Man könnte von zwei Prämissen sprechen, auf denen Beckers Romankonzept beruht. Da ist zunächst seine Auffassung von der Autonomie des Romans, die moderner Ästhetik entspricht. Die zweite Prämisse beruht auf der Überzeugung, dass Literatur der Erkenntnis zu dienen habe und diese – in eindeutiger Abgrenzung von wissenschaftlichen Analysen sowie dokumentarischem Material – durch Fiktionalisierung anstrebe. Die erzählte Welt ist, in Parallelität zur realen, mit den Mitteln literarischer Sprache neu und eigenständig entworfen. Sie ist folglich keine eindeutige, sondern eine vieldeutige Welt. In diesen Zusammenhang gehören Äußerungen Beckers, mit denen er sein Erzählen abgrenzt von einer Literatur, die eindeutige Botschaften vermitteln und politisch-pädagogisch belehren will. Eine Erzählung, die zum Vehikel einiger Ansichten des Autors werde, erledige sich künstlerisch von selbst. Literatur solle eine Erzählform finden, damit **Leser sich beim Lesen Meinungen bilden, ihre Meinungen, auf eine Weise, wie es ihnen ohne die Lektüre nicht möglich wäre.**[58] Die Leser sollen bei der Lektüre angeregt werden, ihre Meinungen frei zu bilden und sich selbst verantwortlich zu fühlen. Dieses Bekenntnis zur Imagination und zum Eigenwert des Künstlerischen widerspricht keineswegs seinem Bekenntnis zur engagierten Literatur: **Ich vermute, daß seit den Anfängen von Literatur der wesentlichste Antrieb zum Schreiben das Bedürfnis nach Stellungnahme gewesen ist, also nach Widerspruch**[59] zu dem, was ist. Sartre definiert den Prosaschriftsteller, im Unterschied zum lyrischen Dichter, als Sprecher einer bestimmten Haltung, der engagiert das Bewusstsein des Lesers zu beeinflussen habe; er **bezeichnet, beweist, befiehlt, verweigert, fragt, beschwört, beleidigt, überzeugt, flüstert ein.**[60] Eine solche Auffassung von engagierter Literatur, die, wie die Verben der Sprechakte anzeigen, das Bewusstsein direkt und einseitig verändern will, liegt Becker fern. Die Eindeutigkeit und Unzweifelbarkeit eines solchen literarischen Engagements sind nicht mit der Vieldeutigkeit, dem Spielerischen und Ambivalenten der literarischen Fiktion vereinbar. Aus der Sicht Beckers verträgt sich der Roman nicht mit fertigen philosophischen und ideologischen Konzepten, die von den Figuren und der Handlung des Romans nur demonstriert werden. Denn die Welt des Romans ist eine eigenständige Welt, die vor und unabhängig von den Konzepten existiert.

Versuchen wir, sein Literaturverständnis im Blick auf die angesprochene Typisierung von engagierter Literatur zu klären. Literatur soll Stellung beziehen und eingreifen in gesellschaftliche Missverhältnisse. Becker war, bevor er in den Westen übersiedelte (1977), zunächst überzeugter, dann kritischer Sozialist. Wie schon dargelegt, glaubte er zunächst an die Utopie einer gerechten Weltordnung und hoffte, dass in der DDR eine Wende zum Besseren erreichbar sei (vgl. Kap. 3). Er beharrt auf dieser späteren kritischen, reformsozialistischen Position, auch als er im Westen lebt. Seine Äußerungen zur Literatur und zur gesellschaftspolitischen Situation kreisen um thematische Konstanten: BECKERS Engagement gilt einmal dem Kampf gegen Reste des Faschismus, von denen er sich noch umzingelt fühlt. Er kämpft gegen die These, der Faschismus sei **ein erledigtes, enthauptetes exotisches Ungeheuer.**[61]

Ein zweiter Aspekt: In einem längeren Essay aus dem Jahre 1992, *DIE WIEDERVEREINIGUNG DER DEUTSCHEN LITERATUR*, grenzt er sich von den Rezeptionsbedingungen des freien Marktes ab, in dem Kunst zur Ware wird, nur den Gesetzen der Rentabilität unterworfen. Vorherrschende, ihn zutiefst deprimierende Merkmale der bundesdeutschen Literatur sind für ihn: ›**Anbiederung, Gefallsucht, Marktschreierei und Schlichtheit der Gedanken.**‹ [...] ›**Sie, diese Gesellschaft, will nichts über sich erfahren, sie will in Ruhe gelassen werden.**‹[62] Ein weiteres Motiv seines Engagements, die ersten beiden Elemente aufgreifend, ist das Ausleuchten des Spannungsverhältnisses von Anpassung und Widerstand. Aufzeigen will er, welche Gefahren Unterwerfungsbereitschaft und Opportunismus – sei es in einer Diktatur oder in einer Marktwirtschaft – in sich bergen. Und er verdeutlicht auf eine den Leser verstörende Art die Persönlichkeitsspaltung vieler Täter: Sie morden, ohne dass ihre psychische Befindlichkeit und private Lebensführung (vgl. Preuß) gestört wird. Banale Alltäglichkeit und blutiger Terror können in irritierender Weise übereinstimmen. Diese Schreibmotive prägen seine Romane, aber sein Werk lässt sich nicht der Gesinnungsästhetik zuordnen, nicht einer Art von engagierter Literatur, die zu belehren sucht. Für ihn realisiert sich literarisches Engagement durch die künstlerische Form und ermöglicht ein Lesen, das nicht durch Belehrung einengt, das die Realität in komplexer Widersprüchlichkeit zeigt, das mehrperspektivisch angelegt ist.

7.2 Der Roman als Parabel

Der Roman gewinnt, indem er das Erzählen thematisiert und das Märchenerzählen zu einem eigenen Thema macht, eine poetologische Dimension. Jakobs Erzählungen korrespondieren mit dem Märchen des Gärtnerjungen und erst recht mit dem Erzählen der Erzählfigur und dem des Autors. Wie der Gärtnerjunge und Jakob mit ihren Geschichten, welche von der Realität absehen, zielen auch Erzähler und, wieder auf einer anderen Ebene, Autor auf Zuhörer bzw. Leser, deren Bewusstsein sich verwandeln lässt. Aber sowohl die Geschichte von der Wolke als auch Jakobs Geschichten werden von der Wirklichkeit als falsch, als Lügenmärchen entlarvt. Das zweite, das reale Ende des Romans offenbart, dass Jakob scheitert und seine Mitgefangenen bitter enttäuschen muss. Die Lügengeschichten des Gärtnerjungen und Jakobs, so der erste Aspekt unserer Deutung, offenbaren die Ohnmacht des Erzählens gegenüber der Tatsachenwelt.

Aber diese Sichtweise ist einseitig und vorläufig. Der Gärtnerjunge hat mit seiner Lügengeschichte die Prinzessin geheilt, Jakob hat nicht nur die Selbstmorde verhindert, sondern den Menschen im Ghetto eine längere Phase menschenwürdigen Lebens ermöglicht. Der Erzähler und Autor entwerfen für ihre Leser also eine Geschichte der Hoffnung. Die Literatur vermag, so lässt sich weiter folgern, einen Fantasie- und Möglichkeitsraum zu entwerfen. Der Leser weiß, dass dieser Raum imaginiert ist. Aber so wie die fiktiven Figuren mit der Kraft ihrer Fantasie und Kunst etwas so Reales bewirken können wie Heilung von Krankheit und ein Verhindern von Selbstmorden, so beabsichtigt auch der reale Autor, beim realen Leser etwas zu bewirken. Greifen wir noch einmal zur Verdeutlichung auf das Symbol des Baumes zurück. Jakobs *erzählerischer* Widerstand gibt dem Leben im Ghetto vorübergehend einen Sinn, sodass er für seine Mitgefangenen zum *Baum* werden kann. Sein Beispiel kann aber auch in der Gegenwart des Erzählers bzw. des Lesers zu einem stützenden, lebens- und sinnstiftenden *Baum* werden. Der Zeit der Gegenwart des Erzählers, auf flüchtigen Lebensgenuss aus, wird mit dem Roman eine Perspektive der Hoffnung angeboten.

Der Roman kann als Parabel über die Ohnmacht ebenso wie über die das Bewusstsein verwandelnde Macht der Literatur gelesen werden. Eine Parabel in dem Sinne, dass in einer Beispielgeschichte etwas Allgemeines verdeutlicht wird, das erst in einer Form metaphorischen Sprechens hinreichend verdeutlicht werden kann. Also: Literatur erweist sich als ohnmächtig – Jakob konnte den Abtransport nicht verhindern –, aber auch als wirkungsvoll, da das Ghettoleben vorübergehend einen Sinn erhielt und Jakobs Beispiel in die Gegenwart ausstrahlt. Der Einfluss auf gesellschaftspolitische Gegebenheiten ist nicht nachweisbar. Aber ohne Kunst und Literatur wäre ein Fortbestehen der Menschheit kaum denkbar. Denn Literatur und Kunst können eine Perspektive der Hoffnung und eine Idee des Besseren bieten, ohne die der Mensch nicht zu leben vermag. BECKER stimmt in einem Gespräch einer solchen Deutung zu:

> I remember that years ago, after this book was published, I read in the reviews the opinion that this novel is a parabel about the role of literature in modern society. At first I was pretty astonished [...]. It would be a lie to say I had a plan, I had a design to write a parabel about the role of literature in our society [...]. But in the special setting while I was writing this book I had this idea in the back of my mind. I didn't want to write special chapters

about this theme, but I can say that I never lost sight of this possibility of understanding the story.[63]

(Ich erinnere mich, dass ich vor einigen Jahren, nach Veröffentlichung des Buches, in einer Rezension die Auffassung las, dieser Roman sei eine Parabel über die Rolle von Literatur in der modernen Gesellschaft. Zunächst war ich ziemlich erstaunt [...]. Es wäre unwahr zu sagen, ich hätte einen Plan gehabt, ich hätte die Vorstellung gehabt, eine Parabel über die Rolle von Literatur in unserer Gesellschaft zu schreiben. [...] Aber in der besonderen Situation, beim Schreiben des Buches, hatte ich diese Idee im Hinterkopf. Ich wollte keine speziellen Kapitel über dieses Thema schreiben, aber ich kann sagen, dass ich diese Möglichkeit, die Geschichte zu verstehen, nicht aus den Augen verloren habe.)

Becker erzählt, so wie sein Erzähler und wie Jakob erzählen, und dementiert damit die These von der Ohnmacht der Literatur. Sie vermag, so die Deutung der parabolischen Ebene des Romans, aus der Gewalt der Fakten (für den Moment der Lektüre) und der Imagination zu befreien – zunächst allein im Bewusstsein des Lesers. Aber diese Imagination eines Besseren kann – auch über die Lektüre hinaus – verändernde Kraft gewinnen. Literatur kann ein wenig dazu beitragen, auf konkrete Gefahren aufmerksam zu machen. Literatur vermag zudem durch ihre Kunstmittel und Fantasie auf die Möglichkeit einer besseren Welt hinzuweisen.

Unterrichtshilfen

1 Didaktische Aspekte

Die Hinweise in der Vorbemerkung, die Besonderheit dieses Romans betreffend, sollen zunächst aufgegriffen und im Blick auf die konkrete Unterrichtssituation reflektiert werden. Noch einmal die Fragen: Auf welche Schwierigkeiten könnte die Romanbehandlung treffen, welche Chancen bietet der Roman? Eine erste Überlegung zu den Schwierigkeiten: Der Roman könnte auf Schüler/innen treffen, welche den so genannten Bemühungen, die Vergangenheit zu bewältigen, ablehnend gegenüberstehen. Gründe für diese Haltung könnten erstens eine zu häufige und vielleicht recht vordergründige Thematisierung des Nationalsozialismus sein und zweitens eine Unlust, sich überhaupt mit gesellschaftspolitischen Fragen zu beschäftigen.

Eine zweite Überlegung zu den Chancen: Die Erzählkunst Beckers, das Grauen der Nazi-Herrschaft und damit das eigentlich Nicht-Sagbare darzustellen, fesselt den Leser/die Leserin, ohne ihn/sie moralisch zu gängeln und politisch zu belehren. Das Kaum-Sagbare wird in einer scheinbar leichten, spielerischen Weise erzählt. Erst bei sorgfältigem Lesen entdeckt der Leser/die Leserin, dass der Erzählstil das Grauen keineswegs ausspart. Allein schon diese ästhetische Vermittlung verhindert eine Rezeption, die sich zu schnell und undifferenziert dem Thema (Verbrechen der Deutschen, also Schuld und Verantwortung der Deutschen und Leiden der Juden) überlässt. Der Roman ist in seiner Anlage, Erzählweise und Motivkunst so vielschichtig angelegt, dass einfache Erklärungsmuster und Schematismen der Rezeption verhindert werden. Die Schüler/innen können gerade auch an diesem Roman zu ästhetischer Erkenntnis und einer Bereitschaft angeleitet werden, sich anrühren zu lassen und über Verantwortung, Schuld und die Gültigkeit moralischer Werte nachzudenken. Zudem können sie an Formen modernen Erzählens herangeführt werden.

Eine dritte Überlegung: Es wird ein Erzählstoff in einer Weise dargeboten, der Spannungselemente ebenso wie unterhaltende bzw. komisch wirkende Episoden enthält, sodass der Roman auch weniger geübte Leser zu fesseln vermag.

Zudem – so ein abschließender Gedanke – dürften die im Roman aufgeworfenen ethischen und politischen Fragen die Aufmerksamkeit der Lernenden auf die Gegenwart lenken, also zu Fragen – hier sehr allgemein formuliert – wie zum Beispiel: Wie lässt sich das Böse im Denken und Handeln der Menschen erklären, welche Möglichkeiten gibt es, etwas dagegen zu tun?

2 Didaktisch-methodische Grundpositionen

Bei der Interpretation orientieren wir uns am üblichen Dreischritt der Interpretation: zunächst die Öffnung des Wahrnehmungshorizontes der Schüler/innen und erste Sinnvermutungen, dann die analytisch ausgerichtete Phase, die auf vertieftes und überprüfbares Verstehen zielt, und abschließend eine dritte

Phase, welche, sich z. T. mit der Analysephase überlappend, vornehmlich – über den Romantext hinausgehend – auf den Kontext sowie auf eine **Applikation** (vgl. Müller Michaels, H. (1987): Deutschkurse, Frankfurt/Main, S. 25 f.) durch die Lernenden zielt. Produktionsorientierte Aufgaben sollen in allen Bereichen einbezogen werden, soweit das Sujet des Romans ein **phantasierendes Interpretieren** überhaupt zulässt.

Zur Einstiegsphase: Die Schüler haben, nach ca. drei Wochen, den Roman sorgfältig gelesen, sich Notizen gemacht. Auf eine Steuerung dieses Lesevorganges, z. B. durch gezielte Arbeitsaufträge, sollte verzichtet und ein hermeneutischer Umgang mit dem Text angestrebt werden. (Möglich ist evtl. ein Arbeitsauftrag, der darauf zielt, die Handlungsstruktur aufzuzeichnen.) Auf einer ersten Verstehensebene finden sich kaum nennenswerte Lesewiderstände. Aber nicht oder nicht hinreichend erfasst werden vermutlich Aspekte des historischen Kontextes, das Verhältnis von Fiktion und Realität im Roman, das Erzählverfahren und die Motiv- und Symbolgestaltung. In der ersten Stunde könnte eine bezeichnende Episode gelesen und ein erstes Verständnis der Thematik aufgebaut werden, das sich in einer produktiven Aufgabe (Tagebuch, Brief) vertiefen und sichern lässt. Die Schüleräußerungen dürften sich zwar vornehmlich auf die Inhaltsebene beziehen, werden aber bereits erste Hinweise zu auffälligen Strukturmerkmalen (Erzählerrolle, Figurenmerkmale, Symbolgestaltung) enthalten.

Zur Erarbeitungsphase: Dieser vorwiegend analytisch angelegte Teil dürfte sich auf eine primär textimmanente Vorgehensweise begrenzen und erst später (s. 6. und 7. Kapitel) sollten andere Interpretationsansätze (historisch-sozial, ideologiekritisch) und Fragestellungen (Intertextualität) aufgegriffen und die poetologische Standortbestimmung des Autors behandelt werden. In dieser Phase wird sich eine Verbindung zwischen aspektorientiertem, exemplarischem und auch linearem Analyseverfahren anbieten. Eine Groborientierung am Aufbau des Romans, also ein eher lineares als ein aspektorientiertes Vorgehen, kommt leistungsschwächeren Schülern/innen entgegen. Eine Orientierung an Aspekten, weitgehend in der Einstiegsphase gewonnen, wird allmählich stärker den Unterrichtsgang bestimmen. Am Schluss der Erarbeitungsphase werden – auch aus Gründen der Variabilität des Unterrichts – zusätzliche Texte herangezogen, andere Klausurformen (Analyse nichtfiktionaler Texte, Texterörterung) eingeübt und das Verständnis des Romans erweitert.

Zur Schlussphase: Anknüpfend an Aspekte, die sich in der Einleitungs- und Erarbeitungsphase ergeben, sollte versucht werden, die Interessen, Erwartungen und Anregungen der Schüler zu berücksichtigen. Je nach dem Stand des aktuellen öffentlichen Diskurses zum NS-Thema und den sich daraus ergebenden Fragen nach Verantwortung und Schuld, nach der Notwendigkeit des Erinnerns und Gedenkens kann die Lerngruppe sich in diesen Diskurs einschalten, z. B. in Form eines offenen Briefes an einen Rechtsradikalen, der den Holocaust leugnet, oder in Form von differenzierten Umfragen unter der Schülerschaft.

3 Unterrichtsreihen

Der Roman lässt sich in mehrfacher Hinsicht in übergreifende Kurssequenzen einordnen, sei es unter thematischem bzw. problemorientiertem, unter gattungs-, formgeschichtlichem bzw. spezifisch ästhetischem, sei es unter historischem Aspekt. Im Einzelnen:

- Thematisch-problemgeschichtlicher Aspekt

Die Unterdrückung des Individuums durch kollektive, oft unbegriffene Mächte ist, je näher man der Gegenwart kommt, zu einem immer bedeutsameren Thema der modernen Literatur geworden. Zu nennen sind aus dem 19. Jahrhundert die Dramen Büchners: *Dantons Tod*, *Woyzeck*, aus dem 20. Jahrhundert zum Beispiel Döblins *Berlin Alexanderplatz* das Erzählwerk Franz Kafkas, z. B. *Der Prozess*, *In der Strafkolonie* sowie Erzählungen und autobiografisch angelegte Berichte, welche den Holocaust zum Gegenstand haben, z. B. E. Hilsenraths Romane *Nacht* und *Der Nazi & der Friseur*, die Erzählung von G. A. Goldschmidt *Die Absonderung*, Ruth Klügers *weiter leben. Eine Jugend*.

- Gattungs- und formgeschichtlicher Aspekt

Der mimetische Roman, vornehmlich im 19. Jahrhundert zu finden, kann mit dem modernen Roman verglichen werden. Der mimetisch angelegte Roman zielt auf die Forderung nach Glaubwürdigkeit des Geschehens und auf eine getreue Reproduktion der Verhältnisse; er will sich selbst erzählen. Dagegen gibt der moderne Roman das Konzept der Mimesis auf und problematisiert die Begriffe der Realität und Realitätswiedergabe. Die Erzählerstimme meldet sich in souveräner Manier, lässt den Leser an dem Aufbau der erzählten Welt teilhaben, sodass er das Fiktive, das oft als eine Möglichkeit gilt, zu erkennen vermag. Als realistische Romane können die Werke Fontanes, als moderne Romane neben denen Jurek Beckers die Erzählungen und Romane von M. Frisch, G. Grass genannt werden.

Unter einem spezifisch ästhetischen Aspekt ist auch an eine Kurssequenz zu denken, in der Werke unterschiedlicher Gattungen, die dem Schrecken dieses Jahrhunderts Ausdruck verleihen, verglichen werden. Zu den Erzähltexten gehören neben den oben erwähnten die Erzählungen Johannes Bobrowskis wie z. B. *Mäusefest*, *Der Tänzer Malige*; sie zeigen in eigenwilliger Formensprache das Grauen. Bobrowskis Prosa hat sich von den Vorgaben des sozialistischen Realismus befreit und seine erzählerischen Mittel bei der Gestaltung des Grauens ermöglichen in der DDR erst einen Roman wie *Jakob der Lügner*. Neben den Erzählungen und Romanen ist an Gedichte von Nelly Sachs (z. B. »Ihr Zuschauenden«) und Paul Celan (z. B. »Todesfuge«) sowie an Dramen wie *Die Ermittlung* von Peter Weiss zu denken. Neben den genannten künstlerischen Verfahren, z. B. der komischen und grotesken Darstellung, vermag auch die Satire das Monströse der Verbrechen sowie die Gewöhnlichkeit der Ausführenden aufzudecken, indem sie lächerlich macht. Brecht meint dazu: **Die großen politischen Verbrecher müssen durchaus preisgegeben werden, und vorzüglich der Lächerlichkeit.** Seine Dramen wie *Schweyk im Zweiten Welt-*

KRIEG und *DER AUFHALTSAME AUFSTIEG DES ATURO UI* können ebenso wie seine satirischen Gedichte und Prosastücke wie z. B. die *FLÜCHTLINGSGESPRÄCHE* herangezogen werden.

- Historischer Aspekt

Viele moderne Romane beziehen sich auf die NS-Zeit und den Zweiten Weltkrieg. Sie reflektieren bzw. kritisieren den verschleppten Erkenntnis- und Emanzipationsprozess in der Bundesrepublik; sie vermissen Verantwortung, Schuldbewusstsein, registrieren Verdrängungsbemühungen und warnen vor den verhängnisvollen Folgen angepassten und moralisch indifferenten Verhaltens sowie einer latenten Gewaltbereitschaft. Zu denken ist an S. Lenz' *DEUTSCHSTUNDE*, an die *DANZIGER TRILOGIE* von G. Grass, an die Romane Heinrich Bölls, aber auch an DDR-Romane wie Seghers' *DAS SIEBTE KREUZ*, Wolfs *NACHDENKEN ÜBER CHRISTA T.*, Apitz' *NACKT UNTER WÖLFEN*. Sie berühren sich auf verschiedenen Ebenen mit Beckers Roman. Überlegt werden sollte, ob auch Übersetzungen der bedeutungsvollen Romane von Semprun (*DIE GROSSE REISE*) und Begley (*LÜGEN IN ZEITEN DES KRIEGES*) einbezogen werden können.

4 Unterrichtssequenzen für Grund- und Leistungskurs

Im Folgenden wird eine Kurssequenz für einen Grundkurs, auch für die 10. Klasse geeignet, sowie – als Additum – eine Sequenz für einen Leistungskurs vorgestellt. Die Grundkurssequenz unterscheidet sich von der des Leistungskurses dadurch, dass über den Roman hinausführende Aspekte zurückhalten-

Unterrichtssequenz für einen GK: 13 Stunden (auch für die 10. Klasse geeignet)

Stunden	Thema	Didaktische Aspekte (Inhalte/Ziele)	Methodische Realisierung/ Verlauf
1. GK	Einstieg in den Roman	Erstes Verständnis wesentlicher Bedeutungsbereiche des Romans: allgemeine und psychische Situation der Hauptfigur, Ghettosituation	1. SV: Vorlesen einer Schlüsselszene 2. StA: Fingierter Brief Jakobs (A): Tagebucheintragung Jakobs 3.UG/TA: Das Leben im Ghetto, erste Verstehensansätze

der zu planen und vertiefende Untersuchungsschritte zum Teil auszulassen sind. Dem Lehrer steht es angesichts des hier dargelegten weiterführenden LK-Programms frei, auch im GK-Bereich andere Akzente zu setzen und über die textimmanente Analyse hinauszugehen. Durch die Wahl sozialintegrativer bzw. produktionsorientierter Arbeitsformen (Gruppenarbeit, Rollenspiele, Produktionsaufgaben) vermag die Lehrerin/der Lehrer die Stundenzahl zu erweitern oder einzusparen.

Vorausgesetzt wird, dass die Schüler den Roman in ca. drei Wochen vorher sorgfältig gelesen und sich in systematischer Weise Notizen gemacht haben. Da der Roman keine Kapiteleinteilung aufweist, könnte ein allgemein gehaltener Arbeitsauftrag lauten: Versuchen Sie, die Handlungsstruktur in einer Skizze oder in einer geordneten Übersicht so darzulegen, dass die Episodenfolge deutlich wird.

Verwendete Abkürzungen

A	: Alternative	PRO	: produktionsorientierte Themen- und Aufgabenstellung
GA	: Gruppenarbeit	Ref	: Referat
GK	: Grundkurs	StA	: Stillarbeit
HA	: Hausaufgabe	TA	: Tafelanschrieb
Kref	: Kurzreferat	SV	: Schülervortrag
LK	: Leistungskurs	UG	: Unterrichtsgespräch
PA	: Partnerarbeit		

	Hausaufgabe
Zu 1: Sinnerfassendes Lesen eines Auszuges aus der »Revierszene«, S. 13–18 Zu 2: PRO: Arbeitsauftrag für StA: Jakob hat ausnahmsweise die Möglichkeit, einen Brief an seinen in den USA lebenden Bruder aus dem Ghetto zu schmuggeln. Er erzählt von dem Erlebnis im deutschen Revier, seiner Angst und der Situation im Ghetto. Zu 3: Mögliche Aspekte der Auswertung könnten sein: – Ghetto: streng überwachter Raum, einem Gefängnis vergleichbar – auffälliges bzw. widersprüchliches Verhalten der Deutschen: einerseits gutmütig, andererseits Herren über Leben und Tod der Juden – Jakobs innere Situation: zwischen Todesangst und überraschender Hoffnung – die politische Dimension: Juden gelten ihren Bewachern als Ungeziefer (**eine Laus, eine Wanze**, 21), erhalten aber durch Jakob eine Perspektive der Hoffnung	Fächerübergreifende HA: Informieren Sie sich im Lexikon oder Geschichtsbuch über die Einrichtung von Ghettos und Lagern in Polen und die Hintergründe der deutschen Vernichtungspolitik. Notieren Sie Stichworte und bereiten Sie einen Vortrag vor (evtl. Mat. 1 und 2 dazunehmen).

Stunden	Thema	Didaktische Aspekte (Inhalte/Ziele)	Methodische Realisierung/ Verlauf
2. GK	Jakob – ein Lügner aus Verantwortung	Untersuchung der Hauptfigur: Motive seines Verhaltens bei seiner ersten Lüge, Charaktermerkmale und die Entwicklung zum Helden des Ghettos	1. SV/ UG: Das Ghetto im NS-System 2. PA: Jakobs erste Lüge, um Mischa zu retten 3. UG: Die Folgen der ersten Lüge Zu 1: Integration der HA und Vertiefung durch Darlegung der Ghettosituation im Roman Aspekte: – Ghetto: Konzentration der Juden im Generalgouvernement Polen, um sie vernichten zu können (Materialien 1, 2) – Raum: Stacheldraht, Wachtürme, Maschinengewehr, Scheinwerfer, Gefäng-
3. GK	Jakob, die Hauptfigur im Ghetto	Jakobs Entwicklung zur zentralen Figur im Ghetto, seine Rolle als Erzähler und sein Erzählen als Überlebensstrategie sowie als strukturbildendes Element des Romanaufbaus	1. SV: Jakob erweist sich als Bezugsfigur für alle Ghettobewohner 2. GA: Die erzählerische Entwicklung Jakobs und Romanstruktur 3. TA: Übersicht über den Romanaufbau

	Hausaufgabe
nisleben, Terrorsystem; vgl. Verbote wie z. B.: keine Uhren, Bäume, Tiere, Schmuck – ständig drohende Todesgefahr: innerer Tod (vgl. Selbstmorde) Zu 2: Exemplarische Analyse des Romanauszuges S. 30–34. Arbeitsauftrag: In welchen Schritten entwickelt sich Jakobs Entschluss zu lügen und wie reagiert Mischa darauf? Erwartete Aspekte: – vier unterschiedliche Versuche Jakobs, jeweils verschiedene Reaktionen Mischas – sprachliche Akzentuierung: ›**Jakob hat geschossen und ins Herz getroffen. Ein Glücksschuß, von der Hüfte [...]**‹, ›**Mischa lächelt [...] wie ein Goj, so hat ihn Jakob zugerichtet**‹ (32) – Mischas Veränderung: **plötzlich ist morgen auch noch ein Tag** (32) – Jakobs Lüge: Nachricht wahr, Herkunft der Nachricht gelogen Zu 3: Querlesen (34 f.); Leitfrage: Wie reagieren die Menschen im Ghetto und wie kommentiert der Erzähler?	Analyse eines Romanauszuges (149–152). Erarbeiten Sie, unter welchen Bedingungen sich Jakob entschließt, sein Lügen weiter zu entwickeln. Berücksichtigen Sie dabei, wie dies erzählerisch dargestellt wird. (A PRO): Innerer Monolog Jakobs, nachdem er das Gespräch zwischen Rosa und Lina belauscht hat (S. 239).
Zu 1: Integration der HA Zu 2: Aufgabenstellung für die GA: Erarbeiten Sie in einzelnen Gruppen, wie Jakobs Rolle als Erzähler neuer Nachrichten sich verändert und welche Bedeutung diese Veränderungen für die Romanstruktur haben. Die einzelnen Phasen: – Jakobs 2. Lüge, der Zwang zu erzählen S. 69–75 – Stromausfall und Atempause S. 87–94 – Suche nach authentischem Material, Klo-Episode S. 100–111 – Schwierigkeiten: Das Radio schweigt S. 111–126 – Neue Motivation nach H. Schtamms Tod S. 148–160 – Vorwürfe und Verständnis Kirschbaums S. 192–196 – Jakobs Kapitulation S. 244–253 – Radio **wieder gefunden**, aber Ende der Geschichte S. 257 ff. Zu 3: Strukturskizze S. 100	PRO: Schreiben Sie eine Biografie zu einer Figur des Romans, die Sie auswählen können (z. B. Jakob, Mischa, Rosa, Frankfurter, Kowalski). (A): Fragebogen nach Proust. Aufgabe: Versuchen Sie, die folgenden Fragen – stellvertretend für die Personen – zu beantworten. Wählen Sie eine Person aus. Mögliche Fragen: Was ist für dich das größte Glück bzw. Unglück? Wie versuchst du, dein Glück zu erreichen? Wovor fürchtest du dich? Was schränkt

Stunden	Thema	Didaktische Aspekte (Inhalte/Ziele)	Methodische Realisierung/ Verlauf
3. GK			
4. GK	Einzelne Figuren des Ghettos	Das Leben einzelner Juden unter den Bedingungen des Terrors: Gemeinsamkeiten und Unterschiede im Denken und Verhalten; Figurengestaltung: zwischen Individualisierung und Typisierung	1. SV/ UG: Ausgewählte Biografien einzelner Figuren 2. GA (PA): Figurenkonstellationen 3. UG/ TA: Schematische Übersicht über die Konstellation der Figuren
5. GK	Das Kollektiv der Juden unter dem Terror der Nazis	Das Leiden der Juden im Ghetto unter dem Terrorsystem der Nazis, die Juden zwischen Unterwerfung und Widerstand, Formen und Motive indirekten Widerstandes	1. SV/ UG: Schmidt – ein deutscher Jude 2. St(GA): Erzählerkommentar zum Thema des Widerstandes 3. UG: Formen indirekten Widerstandes

	Hausaufgabe
	dich in deinem Leben ein? Was ist deine Lieblingstugend, deine Lieblingsbeschäftigung, dein größter Fehler? Was schätzt du an anderen Menschen am meisten? Welche natürliche Begabung möchtest du besitzen? Was ist deine gegenwärtige Geistes- und Stimmungslage? Was ist dein Motto?
Zu 1: Integration der HA Zu 2: Aufgabenstellung für GA (PA): Untersuchen Sie die Beziehungen (Zweier-, Dreierbeziehungen), die im Roman eine Rolle spielen. Gehen Sie dabei auf Besonderheiten, Denk- und Verhaltensweisen sowie Unterschiede ein. – Das Liebespaar: Mischa und Rosa S. 45–55, 60–67, 174–181 – Das Freundespaar: Jakob und Kowalski S. 38 ff., 87 ff., 91 ff., 157 ff. – Eine Familie: Frankfurter S. 50–55, 55–60 – Das Geschwisterpaar: Kirschbaum S. 80 ff. – Das Brüderpaar: Herschel und Roman Schtamm S. 84–87 Zu 3: Impuls: Welche Gruppierungen gibt es im Ghetto (Textgrundlage: S. 83 ff.)?	Literarische Charakteristik: Stellen Sie in einem Porträt Leonard Schmidt vor (vgl. S. 127 ff.). Erklären Sie anschließend den hier erkennbaren Typus eines Juden und vergleichen Sie ihn mit dem Typus, den Herschel Schtamm repräsentiert.
Zu 1: Integration der HA, Lehrerimpuls: Wie ist eine solche Überanpassung historisch und psychologisch zu verstehen? Zu 2: Textarbeit S. 98 ff. Das Problem des Widerstandes aus Erzählersicht. Erarbeiten Sie den Romanauszug. Berücksichtigen Sie die Wertungen und erklären Sie, warum direkter Widerstand unterblieb und welche (traumatischen) Folgen der ausbleibende Widerstand hatte. Zu 3: Gemeinsame Lektüre der Episode, in der Herschel Schtamm die Juden im Waggon warnt (S. 136–140). Leitfrage: Widerspricht Herschels Verhalten nicht der Erzählerkritik am fehlenden Widerstand? Welche anderen Personen des Romans leisten vergleichbaren Widerstand?	Schriftliche Analyse: Die SS-Leute bei Frau Kirschbaum (S. 196 ff.). Untersuchen Sie ihr Auftreten und ihre Einstellung und berücksichtigen Sie Unterschiede zwischen beiden. (A): Entwerfen Sie ein Gespräch zwischen Jakob, Mischa und L. Schmidt über Herschels Verhalten und seinen Tod.

Stunden	Thema	Didaktische Aspekte (Inhalte/Ziele)	Methodische Realisierung/ Verlauf
6. GK	Die deutschen Täter	Zusammensetzung der Tätergruppe, ihr Verhalten, ihre Einstellungen und Motive sowie ideologischen Prägungen	1. SV/ UG: Die SS-Leute bei Frau Kirschbaum (A): Unterschiedliche Auffassungen über Herschel Schtamms aufopfernde Haltung 2. GA: Ambivalentes Verhalten der Tätergruppe 3. UG/ TA: Deutung des ambivalenten Verhaltens und Übersicht (A): KRef (fächerübergreifend) über die Willfährigkeit deutscher Täter (Aufsatz aus der Diskussion des Buches von Goldhagen, s. Anm. 33)
7. GK	Der Erzähler als Überlebender des Holocaust in der Nachkriegsgesellschaft	Die Schwierigkeiten des Erzählers, sich in der Nachkriegszeit zurechtzufinden, seine Kritik an der vordergründigen Lebensweise der Deutschen und der misslingenden Entnazifizierung	1. SV/ UG: Die Ideologie der Täter 2. Lektüre und UG: Die Darstellung der Lebensverhältnisse, des Raumes im Nachkriegsdeutschland 3. PA (GA): Notizen zu einer Anklage- und Verteidigungsschrift 4. UG (KRef): Auswertung und Vertiefung Zu 1: Integration der HA: Klärung ideologischer Motive und Ideologiekritik Zu 2: Leitfragen: Welche Erfahrungen macht der Erzähler im Nachkriegsdeutschland, wie reagiert er auf den Wohlstand und die Lebenseinstellung?
8. GK	Rollenspiel: Gerichtsverhandlung	Untersuchung und Reflexion der Tätermotive, Aufdecken der Strategien des Verdrängens und Vergessens, Übung in Argumentationstechnik und freier Rede	1. SV: Anklageschrift gegen Preuß 2. SV: Verteidigungsschrift für Preuß

	Hausaufgabe
Zu 1: Integration der HA (wenn alternative HA, dann Erarbeitung der Episode bei Frau Kirschbaum) Zu 2: Arbeitsauftrag GA: Untersuchen Sie das Verhalten und die Einstellung der deutschen Bewacher zu den Juden. Berücksichtigen Sie dabei die Darstellungsweise: – das **gutmütige** Auftreten S. 17–22 – das brutale Vorgehen S. 228–232 (vgl. auch S. 240–244) Zu 3: Auswertung der GA und Lehrerimpuls: Was könnte die Funktion der widersprüchlichen Darstellung der Täter sein? Wie lässt sich erklären, dass die Täter einmal (scheinbar) normal, dann unmenschlich reagieren?	Analyse eines Auszuges aus dem Roman *Die schöne Frau Seidenmann* von A. Szczypiorski (s. Mat. 4); Aufgabe: Erarbeiten Sie die Einstellung und Denkweise eines SS-Offiziers, wie sie sich ein polnischer Jude vorstellt. Setzen Sie sich kritisch mit der Position des SS-Offiziers auseinander.
Zentrale Textelemente sind: – **man bietet mir schon etwas, ich soll mir ein paar schöne Tage machen** (24) – **gelebt wird nur einmal** (24) – **Abwechslung, neue heitere Sorgen mit ein wenig Unglück dazwischen** (24) – **Leute** [...] **geben sich alle Mühe, geduldig auszusehen** (24) – **Aber als der Krieg zu Ende war, war ich gerade erst ...** (25) – **Stadt liegt im Grünen, die Umgebung ist einzigartig, die Parks sind gepflegt, jeder Baum lädt mich ein zu Erinnerungen** [...] (25 f.) Zu 3: PRO: Bereiten Sie ein Rollenspiel vor. Notieren Sie sich zunächst Stichworte für eine Gerichtsverhandlung gegen Preuß, entweder als Verteidiger oder als Ankläger. Gehen Sie dabei auf die nach dem Kriege stattfindende Begegnung zwischen dem Erzähler und Preuß ein (S. 209 ff.). Zu 4: Besprechung der Entwürfe, evtl. LV (KRef) über die Entnazifizierung in der DDR und der Bundesrepublik (A): Mitscherlich: *Von der Unfähigkeit zu trauern*	Bereiten Sie sorgfältig ein Rollenspiel vor. Wählen Sie die Rolle des Verteidigers, des Staatsanwaltes, des Richters oder eines Zeugen, des Erzählers. Bedenken Sie, dass Ihre Plädoyers, Ihre Befragungen etc. widerspruchsfrei, schlüssig und rhetorisch wirkungsvoll angelegt sein sollen.
3. SV/ UG: Befragung des Angeklagten, Zeugenbefragung 4. Schlussplädoyers und Versuch einer Urteilsfindung	

Stunden	Thema	Didaktische Aspekte (Inhalte/Ziele)	Methodische Realisierung/ Verlauf
9. GK	Die Rolle des Erzählers und der Adressatenbezug	Schwierigkeiten des Erzählers, die Geschichte des Ghettos zu erzählen bzw. sie angesichts der Kommunikations- und Verstehensbarrieren zwischen ihm und dem Zuhörer und Leser loszuwerden, die Fluktuation der Erzählerperspektive	1. PA/ UG: Die Einmischungen des Erzählers: seine Erzählabsicht und die textimmanente Kommunikation zwischen Erzähler und Leser 2. SV/ UG: Die Erzählerrolle: zwischen Rekonstruktion der historischen Realität und Fiktionalisierung, das Problem der Glaubwürdigkeit und des Entwurfes einer alternativen Möglichkeit, der doppelte Schluss
10. GK	Die sprachliche Darstellung des Terror-Systems	Die Bedeutung des Erzählstils und insbesondere der komisierenden Darstellung für die Rezeption des Romans: das **Schwätzen** als Strukturprinzip und die Formen des Komischen als Mittel, eine Distanz- und Reflexionshaltung zu erzielen	1. SV/ UG: Die Funktion der Symboldarstellung 2. GA: Die Funktion der komisierenden Darstellung im Blick auf die Rezeption 3. UG: Wird die Realität des Ghettos verharmlost? Lässt sich das Grauen im Ghetto darstellen?
11. GK	Jakobs Vorführungen im Keller	Jakobs Vorführungen – ein Verweis auf die Bedeutung der Erzählkunst, die Analogien zwischen Jakobs Kunststücken und dem Erzähler- und Autorenverhalten, das Märchen als Parabel für die Aufgabe und Möglichkeiten der Kunst	1. SV/ UG: Unterschiedliches Erzählverfahren 2. GA: Die drei Kunststücke, die Jakob Lina vorführt 3. UG: Die parabolische Ebene des Romans

	Hausaufgabe
Zu 1: Exemplarische Besprechung einiger Textsequenzen: S. 7–9, S. 43–45, S. 207 f. Leitfragen: Klären Sie, – wie der Leser hier einbezogen und wie dessen Position gewertet wird, – welche Rolle das Baumsymbol hier spielt und – was der Leser über das Motiv und die Absicht des Erzählers erfährt. Zu 2: Gemeinsames Lesen der Erzählereinmischungen: S. 257 f., S. 268 f. und S. 272 f. Lehrerimpulse: Welchen Aufschluss über das Erzählerverhalten bieten diese Einmischungen? Welche Funktion haben die Erzählerhinweise ›ich stelle mir vor‹, ›ich male mir aus‹, ›weil meiner Willkür keine Grenzen gesetzt sind‹? Welche Möglichkeit schafft sich der Erzähler, indem er einen doppelten Schluss erzählt?	Welche verschiedenen Bedeutungselemente enthält das Baumsymbol? Berücksichtigen Sie dabei auch, welche Rolle der Baum für den Erzähler in der Nachkriegszeit spielt.
Zu 1: Integration der HA Zu 2: Exemplarische Analyse der Klo-Episode S. 102 ff. Aufgabe für GA: Erarbeiten Sie, wie das Geschehen sprachlich dargestellt wird. Achten Sie auf Mittel des Komischen und der Spannungsverzögerung. Vgl. dazu Kapitel 5.4.1 und 5.4.3 dieser Interpretation. Zu 3: Lehrerimpulse: Inwiefern verträgt sich Komik mit der Tatsache, dass es hier um Leben und Tod geht? Wird auf diese Weise nicht das Vernichtungssystem der Nazis verharmlost? Vgl. dazu die Aussage Elie Wiesels auf S. 70.	Vergleichen Sie die Klo-Episode mit einem Auszug aus Hilsenraths Roman *Nacht* (Mat. 5) und erarbeiten Sie, wie der Schrecken des Ghettos jeweils dargestellt wird.
Zu 1: Integration der HA Zu 2: Arbeitsauftrag: Untersuchen Sie die drei Vorstellungen, die Jakob Lina gibt, in ihrer Darstellungsweise, ihrem Kontextbezug und im Blick auf die beabsichtigte Wirkung. – S. 165 ff. – S. 168 ff. – S. 170 ff. (vgl. dazu S. 280 ff.) Zu 3: Lehrerimpuls: Prüfen Sie noch einmal das Märchen und fragen Sie sich, ob sich in den Motiven des Märchens Motive der drei anderen Erzähler spiegeln (Jakob, Ich-Erzähler, Autor). – Überlegen Sie, welche Beziehungen sich zwischen dem Märchen und der positiven Version des Schlusses ergeben.	Analyse eines nichtfiktionalen Textes. Jurek Becker: *Die unsichtbare Stadt* (Mat. 3). Aufgabenstellung: Analysieren Sie den Text unter Berücksichtigung von Argumentations- und Darstellungsweise. Gehen Sie anschließend auf folgende Fragen ein: Welche autobiografischen Erfahrungen prägen den Autor? Wie kann man sich der grauenhaften Wirklichkeit jener Zeit annähern, wie kann man sie darstellen?

Stunden	Thema	Didaktische Aspekte (Inhalte/Ziele)	Methodische Realisierung/ Verlauf
12. GK	Der Roman im Kontext des Holocaust-Diskurses	Autobiografische Einflüsse im Romanwerk Beckers, die Position des Autors im Kontext des Holocaust-Diskurses und die Schwierigkeiten, über das Thema zu schreiben	1. SV/ UG: Autobiografische Einflüsse und die Schwierigkeiten des Erinnerns 2. StA: Analyse eines nichtfiktionalen Textes zum Thema des Erinnerns 3. UG/ TA: Texterörterung (s. Punkt ›zu 2‹): Erarbeitung eines Gliederungsschemas Zu 1: UG auf der Grundlage der HA Leitfragen: a) Wie beurteilt der Autor die Bedeutung der Erinnerung für ihn persönlich und allgemein?
13. GK	Die filmische Gestaltung des Holocaust	Besonderheiten der ästhetischen und thematischen Gestaltung, Elemente der Filmsprache, kritischer Vergleich zwischen Film und Buch – auch unter dem Aspekt der Darstellung des Grauens	1. Betrachtung eines Films bzw. ausgewählter Sequenzen evtl. mit Leitfragen für GA (s. u.), z. B. – *Jakob der Lügner* – *Der Judenjunge Salomon* – *Schindlers Liste* 2. UG: spezifische Gestaltungsmittel des Films 3. GA/ UG: kritische Wertung des Films Zu 1: Sammeln von Spontaneindrücken zum Film Zu 2: Gestaltungsmittel des Films, z. B.: – stärkere Lenkung der Zuschauerfantasie

Leistungskurssequenz (Additum), S. 94 ff.
Vorbemerkung: Die vorgestellte GK-Sequenz bildet auch die Grundlage der LK-Sequenz. Im Folgenden wird zu jeder einzelnen Stunde – mit neuer paralleler Nummerierung zur GK-Sequenz – das Additivum hinzugefügt, sodass sich LK-Doppelstunden ergeben.

	Hausaufgabe
b) Welche Schwierigkeiten nennt er, die Vergangenheit zu rekonstruieren? c) Welche Einwände kommen dem Autor beim Versuch, mithilfe der fotografischen Dokumente die historische Wirklichkeit zu erfassen? Zu 2: Textanalyse, Diskussionsbeitrag Jurek Beckers zum Thema *Zur Zukunft des Erinnerns* (Mat. 7). Aufgabe: Fertigen Sie ein Konzeptpapier an mit folgender Aufgabenstellung: Erarbeiten Sie den Redebeitrag unter Berücksichtigung der Rede- und Argumentationsweise mit dem Ziel, die hier zum Ausdruck kommende Auffassung zu klären. Zu 3: Erarbeiten Sie ein Gliederungsschema für eine Erörterung, die sich mit den Ergebnissen von Punkt 2 auseinander setzt. (A): Bereiten Sie in GA eine Umfrage (Schule, Fußgängerzone etc.) vor, in welcher Sie z. B. nach der allgemeinen Einstellung zum Gedenken an die Nazi-Verbrechen, nach einem Schlussstrich unter die Vergangenheitsbewältigung und nach anderen Möglichkeiten des Erinnerns (öffentliches Denkmal, Schullektüre) fragen.	1. Schreiben Sie auf der Grundlage des erarbeiteten Gliederungsschemas eine Erörterung. 2. Schreiben Sie eine Rezension zum Roman *Jakob der Lügner*. (A): Führen Sie die Umfrage durch.
– Suggestion der Bilder, Emotionalisierung statt Reflexionsdistanz – Eindringlichkeit der Sinneseindrücke – Verzicht auf den Erzähler und dessen Reflexionen – Perspektivenwechsel und Vielschichtigkeit des Erzählens fehlen – Beschränkung, Konzentration beim Wiedergeben einzelner Episoden und erzählerischer Details – Figurendarstellung vereinfacht – Möglichkeiten von Alternativen zur Realität weniger ausgeprägt – Anormales der Ghettowelt nur im äußeren, im sichtbaren Bereich erfasst Zu 3: Impulse zur kritischen Wertung; nach Kértez (***Der Spiegel***, 1996, H. 18, S. 228), der sich zum Film *Schindlers Liste* äußert: Heroisiert und emotionalisiert der Film, kommen **die Zuschauer wie Sieger** aus ihm heraus? Sind die **Figuren in sich völlig unbegründet?** Gibt es **nur gute und schlechte Menschen** und die **Juden sind keine Juden, die Konzentrationslager keine Konzentrationslager?** Der Regisseur Spielberg hat **keinen Begriff von dieser totalitären Welt.**	Verfassen Sie eine Filmkritik. Gehen Sie dabei auf die Besonderheiten des Films sowie auf Unterschiede zwischen Film und Buch ein.

Stunden	Thema	Didaktische Aspekte (Inhalte/Ziele)	Methodische Realisierung/ Verlauf
1. LK			4. PA: Analyse des Raumes (A): SV (KRef): Das Ghetto als Bestandteil der NS-Vernichtungspolitik
2. LK			4.GA: Das Radio im Ghetto, Frankfurter und Jakob Heym (A): Ein weiterer fingierter Brief Jakobs
3. LK			4. UG: Die Funktion von Rückblicken in die Vor-Ghetto-Zeit
4. LK			4. UG: Die Rolle von Nebenfiguren (A): KRef (fächerübergreifend) über die Assimilationsbestrebungen im deutschen Judentum
5. LK			4. GA/PA: Weitere Formen indirekten Widerstandes: Professor Kirschbaum (1. A): LV/ PA: Widerstand im Ghetto von Warschau und im KZ Buchenwald (2. A): Die Kinder spielen Widerstand
6. LK			4. StA/ UG: (fächerübergreifend) H. Himmlers Rede in Posen (4. 10. 1943) (A): StA/ UG: SS-Täter im KZ – Erklärungsversuche des Verbrechens

Zu 4: Aufgabenstellung: Analysieren Sie den Ghettoraum. Berücksichtigen Sie dabei den Wohn- und Arbeitsbereich. Bereiten Sie ein KRef vor. Vgl. dazu: S. 69 ff., S. 76 ff.

Zu 4: Aufgabenstellung: Notieren Sie stichwortartig, wie unterschiedlich sich Jakob Heym und Frankfurter zum Radio im Ghetto verhalten (vgl. S. 58 ff.).
(A): Stellen Sie sich vor, Jakob könnte einen weiteren Brief an seinen Bruder in den USA hinausschmuggeln. In diesem berichtet er über seine Radiolüge und die Reaktionen im Ghetto.

Zu 4: Sammeln von Textbelegen: Rückblicke in die Vor-Ghetto-Zeit
Lehrerimpulse: Wie erscheint das Alltagsleben in der Zeit, bevor das Ghetto eingerichtet wurde? Berücksichtigen Sie das Personenverhalten, die besondere Form des Zusammenlebens; gehen Sie auch auf die Funktion dieser Rückblicke für die Erzählstrategie ein (vgl. S. 17, 38 f., 124 ff.).

Zu 4: Sammeln von Textbelegen
Lehrerimpuls: Welche jüdischen Nebenfiguren gibt es und welche Rolle spielen sie, welchen Aufschluss vermitteln sie über das jüdische Kollektiv? Vgl. dazu u. a.: Fayngold (63 f.), Schwoch (90 f.), die zwei Jungen (94 ff.), Lina (75 ff.), Rundfunkmechaniker Najdorf (153 ff.).

Zu 4: Arbeitsauftrag: Untersuchen Sie die Hintergründe des Selbstmordes von Prof. Kirschbaum, gehen Sie insbesondere auf seine Motive ein (S. 202 ff.).
(1. A): Auszüge aus: Bruno Apitz: *Nackt unter Wölfen* (KZ Buchenwald); Louis Begley: *Lügen in Zeiten des Krieges* (Warschau); Semprun: *Die grosse Reise* (Buchenwald)
(2. A): Romanauszug S. 94 f. Interpretieren Sie die Szene der Kinder, die Widerstand spielen, und beziehen Sie sie auf den Kontext.

Zu 4: Arbeitsauftrag: Analysieren Sie die Rede Himmlers, die er 1943 in Posen hielt. Erarbeiten Sie die hier vertretene Position und nehmen Sie zu den ideologischen Prämissen und Positionen kritisch Stellung.
(A): Ruth Klüger: *weiter leben. Eine Jugend* S. 131 ff.
Arbeitsauftrag: Wie charakterisiert die Autorin das Leben im KZ, wie beschreibt sie die SS-Leute?

Stunden	Thema	Didaktische Aspekte (Inhalte/Ziele)	Methodische Realisierung/ Verlauf
7. LK			4.PRO: Planung des Rollenspiels
8. LK			PRO: Erweiterung des Rollenspiels, Gerichtsverhandlung: genauere Untersuchung der Tatmotive, der vom Angeklagten geübten Strategie der Verdrängung
9. LK			3. StA/ UG: Analyse eines nichtfiktionalen Textes, romantheoretischer Text über die Krise des Erzählens im 20. Jahrhundert und die veränderte Rolle des Erzählers (z. B. im Unterrichtswerk *Texte, Themen und Strukturen*, Grundband Deutsch für die Oberstufe, Cornelsen Verlag Schwann Giradet, Düsseldorf: 1990, S. 115)
10. LK			4. GA: Textvergleich zwischen Jurek Beckers Roman und Hilsenraths Roman *Nacht*.
11. LK			4. PA: Gedichte von P. Celan und N. Sachs zum Thema des Holocaust, Darstellung des Schrecklichen
12. LK			4. St/ UG: Analyse und Vergleich zweier Rezensionen zum Roman

Zu 4: Einbeziehung von wichtigen Dokumenten aus dem Ghetto von Lodz als Beweismittel (Materialien in: P. Longerich: *Die Vernichtung des europäischen Judentums*, Anmerkung 26, S. 59 ff., 226 ff.)

und Entlastung auf dem Hintergrund der problematischen Entnazifizierung in beiden deutschen Staaten (vgl. die Kritik in beiden deutschen Staaten, s. auch Kapitel 6.2 und 6.3), Übung in freier Rede und überzeugender Argumentation
(A): Der nachgeholte Prozess gegen einen Täter am Beispiel von J. Beckers Roman *Bronsteins Kinder*

Zu 3: Aufgabenstellung: Analysieren Sie den Text unter Berücksichtigung von Argumentationsgang und Sprache und prüfen Sie, inwieweit sich Beckers Roman als *erzählerisch modern* begreifen lässt.
(A): GA: Literarische Gestaltung des Baumsymbols bei B. Brecht: z. B. *Gedanken über die Dauer des Exils*, *Schlechte Zeit für Lyrik*; bei J. Semprun: *Die grosse Reise* S. 141 f. und *Was für ein schöner Sonntag* S. 188 ff.

Zu 4: Aufgabe: Erarbeiten Sie an ausgewählten Auszügen, wie jeweils das Schreckliche dargestellt wird. Achten Sie auf die Figurenmerkmale und auf sprachliche und erzählerische Mittel und klären Sie die Unterschiede.
(A): GA: Schreiben Sie eine Hörspielszene zu der Klo-Episode und bereiten Sie diese für eine Aufnahme vor.

Zu 4: Ausgewählte Gedichte von N. Sachs (»Wie leicht wird die Erde sein«) und Celan (»Todesfuge«)
Aufgabenstellung: Wie wird hier die Realität des Holocaust künstlerisch gestaltet? Welche Beziehungen zu Beckers Roman lassen sich hinsichtlich der Thematik und der Kunstmittel erkennen? Bedeutet nicht jede künstlerische Gestaltung eine Harmonisierung des Grauens? Warum, warum nicht?

Zu 4: Rezensionen von M. R. Ranicki (***Die Zeit***, Nr. 49 vom 20. 11. 1970) und W. Neubert (***Neues Deutschland***, Mat. 6); Aufgabenstellung: Analysieren Sie die vorliegenden Rezensionen zum Roman Beckers mit dem Ziel, den Argumentationsgang sowie die Wertungen und den Erwartungshorizont des Rezensenten herauszuarbeiten.

Stunden	Thema	Didaktische Aspekte (Inhalte/Ziele)	Methodische Realisierung/ Verlauf
13. LK			Die Punkte 2 und 3 der entsprechenden 13. Std. GK sollten eingehender behandelt werden. Auf diese Weise können Elemente der Filmsprache sowie kritische Reflexionen vertieft werden. Als Lehrerimpuls kann eine Aussage Ruth Klügers gegeben werden: **Erinnerung ist**

5 Klausurvorschläge

Textanalysen

1. Bei der Familie Frankfurter (S. 52–55)
a) Ordnen Sie den Auszug in den Romankontext ein.
b) Gehen Sie auf einzelne Familienmitglieder, insbesondere auf Herrn Frankfurter ein. Erarbeiten Sie, wie sich die Ghettorealität auf die Familie auswirkt und ihr Leben und ihr Bewusstsein prägt.
2. Herschel Schtamms Ermordung (S. 137–140)
a) Ordnen Sie den Auszug in den Romanzusammenhang ein.
b) Untersuchen Sie, wie Herschel hier vorgestellt, sein Verhalten erklärt und sein Tod dargestellt wird.
c) Klären Sie, welchen Typus Herschel repräsentiert.
3. Das Geständnis Jakobs (S. 249–253)
a) Erklären Sie die Bedeutung dieser Episode für Jakobs Rolle und Selbstverständnis.
b) Stellen Sie dar, wie Kowalski auf das Geständnis reagiert.
c) Verdeutlichen Sie den Stellenwert dieser Episode, indem Sie sie vergleichen mit der ersten Reaktion Kowalskis auf die Radionachricht (S. 41 ff.).
4. Jakobs erste Lüge (S. 30–32)
Untersuchen Sie den Romanauszug mit dem Ziel, unter Berücksichtigung der Erzähl- und Darstellungsweise zu erarbeiten, wie Jakob Mischa zu überzeugen versucht.
5. Das neue Lebensgefühl im Ghetto (S. 35–37)
Analysieren Sie den Romanauszug unter besonderer Berücksichtigung der Darstellungsweise sowie der Merkmale und Beziehungen der Figuren.
6. SS-Täter (S. 196–200)
Analysieren Sie den Romanauszug. Berücksichtigen Sie dabei vorrangig Rolle und Verhalten der Erzählerfigur, das Erzählverfahren sowie die Figurengestaltung. Gehen Sie anschließend auf die hier deutlich werdende ideologische Prägung der Personen ein.

keine gemütliche, badewasserlaue Annehmlichkeit, sondern ist eigentlich immer ein Graus, eine Zumutung und eine einzige Kränkung der Eigenständigkeit. Und zwar deshalb, weil wir ja keine Kontrolle haben über das, was schon passiert ist, weder als einzelne noch als Mitglieder einer Gruppe. Erlebtes wurde von außen herangetragen, ist verinnerlicht worden, ist gefährlich, kann sich als Widersacher aufführen. Darum haben wir die Nostalgie erfunden, das heißt den Kitsch der Erinnerung, die Verklärung, mit der wir so gern über Blut, Schweiß und Kotze der wirklichen Gedächtnisprodukte hinweggehen. (Klüger, *FAZ* v. 2. 12. 95)

Texterörterung

1. J. Becker: *Zur Zukunft des Erinnerns* (Mat. 7)
   Analysieren Sie den Text in Bezug auf Argumentationsansatz und -struktur mit dem Ziel, sich kritisch mit der von Becker vorgetragenen Auffassung auseinander zu setzen.
2. A. Szczypiorski: *Die schöne Frau Seidenmann* (Mat. 4)
   Beschreiben und analysieren Sie Prämissen und Elemente der hier vom Erzähler wiedergegebenen Weltanschauung eines SS-Offiziers. Nehmen Sie kritisch zu dieser politisch-ideologischen Auffassung und Rechtfertigung des Offiziers Stellung und beziehen Sie sich in Ihrer Stellungnahme auf im Unterricht erworbene Kenntnisse.

Freie Themen

1. Die Bedeutung und Funktion des Baummotivs in der Romanhandlung
   Erarbeiten Sie die vielschichtige Bedeutung des Baummotivs und gehen Sie auf seine Funktion für die Romanhandlung ein.
2. Ist Jakob ein Held?
   Gehen Sie auf Jakobs Charaktermerkmale und Verhaltensweisen ein und begründen Sie Ihre Deutung am Text.
3. Wird durch die Art des Erzählens, z. B. durch die Mittel der Komik und Ironie, die Ghettorealität verharmlost?
   Untersuchen Sie die Funktion der Darstellungsmittel an ausgewählten Beispielen.
4. Wie stellt der Autor die Gruppe der Täter dar, die das Ghetto beherrschen?
   Greifen Sie aufschlussreiche Textbeispiele heraus und beachten Sie bei Ihrer Untersuchung die Mittel der Darstellung und die Erzählerhaltung.
5. Erklären Sie, warum Becker für seinen Roman einen doppelten Schluss, einen **ordentlichen** und einen **nichtswürdigen**, erfindet.

Übersicht über Episodenbildung und Bauform des Romans

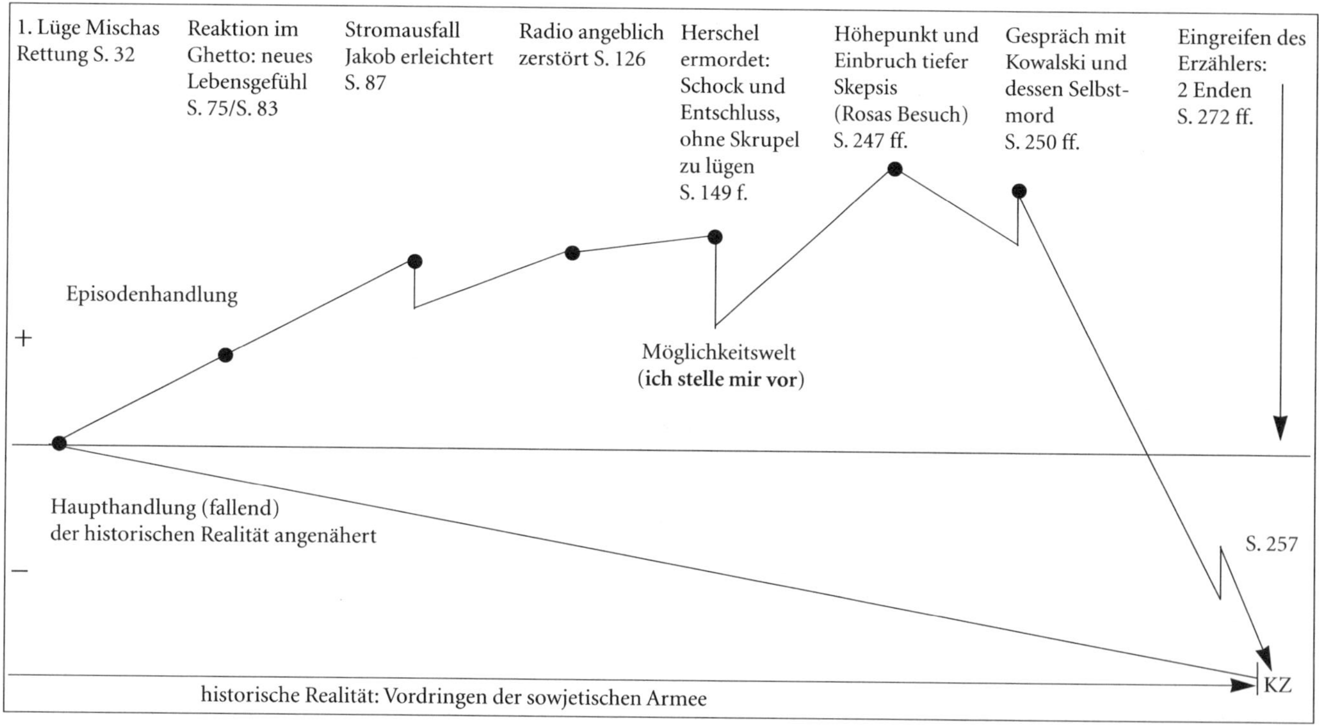

Strukturskizze: Rolle und Position des Erzählers

Historische Realität: Ghetto in Lodz von 1940–1944, Etappe auf dem Wege zur Vernichtung der europäischen Juden, Jurek Becker überlebt als Kind.

↓↑

Romangeschehen (fiktional)

I. Ebene der Erzählergegenwart (ca. 1966/67)

Erzählermotive:
- Er will die **verfluchte Geschichte** loswerden;
- Jakob, ein Baum zum Anlehnen, ist die Hoffnungsfigur, wird Zeichen eines wahren Lebens;
- als einer der wenigen Überlebenden will er Zeugnis ablegen

→ scharfe ironische Kritik an der Oberflächlichkeit der Nachkriegsgesellschaft und ihrer Unfähigkeit, sich wahrhaftig zu erinnern

II. Erzählkonzept zur Darstellung des Vergangenen: angeblich authentische Rekonstruktion des Geschehenen:

↓ Tatzeugen Jakob und Mischa u. a. als Zeugen (vgl. S. 44)

↓ eigene Recherchen vor Ort, z. B. mit dem Metermaß (S. 208)

→ erste Ebene des Fiktionalen: angeblich authentische Wiedergabe

→ erzählerische Erfindungen: vorhandene **Löcher** in der Erinnerung bzw. im Wissen werden **gefüllt** (S. 44); Beispiel: **ich stelle mir vor** (vgl. S. 259)

↓ zweite Ebene des Fiktionalen: vom Erzähler eingestandene Fiktionalisierung

Material 1

Das Ghetto von Lodz

Lodz hatte vor dem Kriege 700 000 Einwohner, davon waren 233 000 Juden – eine der größten jüdischen Gemeinden auf der Welt. Wenige Tage nach dem Überfall der Deutschen auf Polen wurde Lodz am 8. 9. 1939 von deutschen Truppen besetzt. Bereits in den ersten Wochen gab es viele Verordnungen, die die Juden aus dem Leben der Stadt ausschlossen und ihre wirtschaftliche Existenz vernichteten.

Lodz wird vom Deutschen Reich annektiert und damit Teil des neugegründeten Reichsgaus »Wartheland«. Eine deutsche Verwaltung wird eingerichtet, und die Behörden beginnen mit Umsiedlungsprogrammen zur Eindeutschung der Stadt. Ziel des Planes ist es, Lodz »judenfrei« zu machen. Da aber die vertriebenen Juden in den übrigen besetzten Gebieten nicht aufgenommen werden, wird ein Ghetto konzipiert. Am 8. 2. 1940 werden die Juden in das markierte Gebiet getrieben; Nichtjuden haben das Gebiet zu verlassen. 160 000 Juden leben in diesem Ghetto, das am 30. April hermetisch von der Außenwelt abgeriegelt wird. Es wird von einem Drahtzaun und einem engmaschigen Netz von Schutzpolizei umschlossen, ist somit das erste von der Außenwelt völlig abgeschnittene Ghetto in Polen. Es gelingt nicht, einen nennenswerten Kontakt zum polnischen Widerstand herzustellen und Waffen ins Ghetto zu schmuggeln. Der einzige Kontakt zur Außenwelt bestand in wenigen im Ghetto angefertigten Radiogeräten. Ihr Besitz bedeutete Todesgefahr. 1944 wurden zum Beispiel Radiobesitzer verhaftet und hingerichtet, als sie die alliierte Landung in der Normandie meldeten. Um das Ghetto herum werden die Häuser abgerissen, die polnischen Bewohner der angrenzenden Stadtteile umgesiedelt und durch Deutsche ersetzt.

Die Deutschen richten einen Judenrat ein, dessen Energie darauf gerichtet ist, bei der völligen Abhängigkeit von deutschen Lieferungen die Existenz des Ghettos durch Arbeit zu sichern. Der Verpflegungssatz wird zunächst auf 30 Pfennig, deutlich unter dem für Gefängnisinsassen, später auf 19 Pfennig festgelegt. Die Ernährungslage ist von Beginn an dramatisch und führt zum fortschreitenden physischen Verfall. Schon in den ersten beiden Jahren sterben Tausende an Hunger, Entkräftung und Krankheiten. Der Judenrat mit dem Judenältesten an der Spitze organisiert das Ghetto als eigenen Kosmos: Meldebüro, Gesundheits- und Schulabteilung, Bank mit eigener Währung, Lebensmittelläden, Altersheime und Gericht. Eine vorgetäuschte Normalität eines alltäglichen Lebens. Es ist eine verzweifelt aufrechterhaltene Normalität, die nicht nur dem physischen Überleben dient, sondern zum psychischen Zufluchtsort wird: eine selbst genährte Illusion, in die zu flüchten den einzigen Schutz bildet. Das Ghetto wird von der deutschen Ghettoverwaltung zu einer Produktionsstätte für Wehrmacht und Zivilbetriebe (z. B. Neckermann) ausgebaut. Der Judenälteste setzt, trotz Opposition im Ghetto, auf Zusammenarbeit mit den Deutschen, auf deren einziges Interesse, die Juden effizient ausbeuten zu können. Dieser Ausbeutung kommt allerdings nur *eine* Funktion bei der Judenpolitik zu; grundsätzlich ging es nur darum, die Vernichtung reibungsloser zu gestalten.

1941 verschärft sich die Situation im Ghetto, als 20 000 Juden, auch aus dem Reichsgebiet, und 5000 Roma ins Ghetto deportiert werden. Im Ghetto entsteht ein heftiger Konflikt zwischen alten und neuen Ghettoinsassen, zwischen west- und osteuropäischen Juden.

Wenige Wochen danach, seit Oktober 1941, wird das Vernichtungslager Chelmno eingerichtet, in dem ab Januar 1942 Roma und Juden aus Lodz vergast werden: erst 10 103, dann in einer zweiten Deportation 34 073 Menschen. Auch im Ghetto steigt die Todesrate dramatisch, besonders bei den Westjuden. Immer wieder werden größere Gruppen ins Vernichtungslager deportiert, und die im Ghetto bleibenden Juden setzen ihre Hoffnungen auf die Zwangsarbeit, um Zeit zu gewinnen. Und in der Tat, das Ghetto Lodz wird als Arbeitslager zunächst erhalten und produziert für die Wehrmacht, für Bekleidungshäuser, Möbelgeschäfte. 1943 sind innerhalb des Ghettos schon mehr als 40 000 Menschen an Hunger und Krankheit gestorben. Im Juni 1944 befiehlt Himmler unter dem Eindruck der näherrückenden sowjetischen Armeen und der Landung der Alliierten in der Normandie die Räumung des Ghettos, angekündigt als »Aussiedlung zur Arbeit«. Sie werden zum Schluss in Auschwitz-Birkenau und Nebenlagern vernichtet. Nur 600 Juden bleiben als »Aufräumkommando« zurück. Als die Rote Armee am 19. 1. 1945 Lodz befreit, hatten sich von diesen Menschen die meisten verstecken und retten können.

(nach: Oskar Rosenfeld: Wozu noch Welt. Aufzeichnungen aus dem Ghetto Lodz. Frankfurt: Verlag Neue Kritik 1994, S. 19 ff.)

Die nationalsozialistische Judenpolitik (Beitrag d. Verf. L. Wiese)

Material 2

Beim Versuch, den Völkermord an den Juden zu erklären, stößt der Erklärende an Grenzen des Verstehens.

Der sich während und nach dem Ersten Weltkrieg verschärfende Judenhass, gespeist einerseits aus der langen antisemitischen Tradition sowie andererseits aus den aktuellen Krisenerfahrungen (z. B. 1. Weltkrieg, Revolutionswirren 1918/19, Inflation 1923), bildete eine wesentliche Grundlage und zentrales Bindemittel der NSDAP sowie ein wichtiges Agitationsthema gerade auch für Hitler. Die Judenfeindschaft, seit dem frühen Christentum nachweisbar, ist eine Konstante der europäischen Geschichte. Dieser verbreitete Antisemitismus (vgl. Klischee vom lügenden Juden) ist als eine notwendige, aber keineswegs hinreichende Bedingung für die *Endlösung* anzusehen. Der Nationalsozialismus radikalisierte und brutalisierte den rassistischen Judenhass. Hitler und führende SS-Führer (Himmler, Heydrich, Best) sahen den Sinn der Geschichte im Kampf der Rassen um Lebensraum. Der Jude galt ihnen als ein das Volk zersetzendes Element, als ein Verderben bringender Bazillus, welcher ein Volk daran hinderte, den Lebenskampf mit anderen Völkern erfolgreich zu bestehen. Goebbels vertraute seinem Tagebuch an (zitiert nach: Ursachen und Folgen, Bd. XIX, S. 470 f.):

> **Aus dem Generalgouvernement werden jetzt, bei Lublin beginnend, die Juden nach dem Osten abgeschoben. Es wird hier ein barbarisches, nicht mehr zu beschreibendes Verfahren angewandt, und von den Juden bleibt nicht mehr viel übrig. [...] An den Juden wird ein Strafgericht vollzogen, das zwar barbarisch ist, das sie aber vollauf verdient haben. [...] Es ist ein Kampf auf Leben und Tod zwischen der arischen Rasse und dem jüdischen Bazillus. Keine andere Regierung, kein anderes Regime könnte die Kraft aufbringen, diese Frage generell zu lösen. Auch hier ist der Führer der unentwegte Vorkämpfer und Wortführer einer radikalen Lösung.**

Von 1933, der Machtübernahme der Nazis, bis zum Kriegsbeginn radikalisierte sich der Kurs gegenüber den Juden zunehmend; vorläufiger Höhepunkt war die Reichspogromnacht 1938. Vor 1940 gab es keine langfristigen Zielsetzungen; erörtert wurden zum Beispiel Vertreibung und Ansiedlung in Madagaskar oder auch in Palästina. Nach Beginn des Zweiten Weltkrieges, also nach dem Überfall auf Polen, hatten sich die Reservatspläne zerschlagen und es begann das eigentliche Vernichtungspro-

gramm. Polen sollte bereits Schauplatz einer gigantischen völkischen Neuordnung werden: Polen und vornehmlich Juden sollten ins neu errichtete Generalgouvernement, Volksdeutsche in die dem Deutschen Reich angegliederten Ostgebiete. In den neu eingerichteten Ghettos des Warthegaus, z. B. Lodz, sollten die Juden konzentriert werden. So setzten im Dezember 1939 bereits Vorbereitungen für das Ghetto in Lodz ein, das im Frühjahr 1940 seine endgültige Form erhielt. Die historische Forschung hat weitgehende Übereinstimmung erzielt, dass Hitler keinen schriftlichen, keinen förmlichen Beschluss zur Vernichtung der Juden erließ, sondern dass ein im Frühsommer 1941 gegebener mündlicher Führerbefehl die Grundlage der Vernichtungsaktionen war. Die Judenpolitik verschärfte sich noch weiter während des Krieges gegen Russland, der als Rassenvernichtungskrieg geführt wurde. Die Ostexpansion vervielfachte zunächst die Zahl der unter deutscher Herrschaft lebenden Juden; allein in Polen lebten 2 Millionen Juden.
Nach den Vorstufen im besetzten Polen begannen gut vorbereitete Mordaktionen zur Ausrottung der Juden im sowjetischen Territorium im Sommer 1941. Unter *Endlösung* verstanden die Nazis jetzt die Ermordung. Bei der Wannseekonferenz (20. 1. 1942) ging es weniger um rassistische Zielsetzungen, die festlagen, sondern um organisatorische Regelungen, so um die Mitwirkung von Reichs- und Parteibehörden. Diese Massenvernichtung in Konzentrations- und Vernichtungslagern und, parallel dazu, die **Vernichtung durch Arbeit** wurde durch eine bürokratische Sprachregelung weiterhin getarnt. Dieses Vernichtungsprogramm speiste sich aus fanatisch-rassistischen Motiven der Führungsclique und wurde ermöglicht durch die bereitwillige Mitwirkung verschiedener Behörden und militärischer Einheiten. Im Zuge des gigantischen, aber nicht verwirklichten Ostsiedlungsprogramms sollte Siedlungsraum für Volksdeutsche in judenfreien Gebieten Osteuropas und Russlands geschaffen, die slawischen Gebiete als Kolonien für die Rohstoffversorgung genutzt und die Völker dort als Sklaven zur Arbeitsleistung für die Deutschen herangezogen werden. Der grausame Krieg im Osten beseitigte letzte Hemmungen, und Himmler konnte offen bei einer Gauleitertagung (4. 10. 1943) verkünden:

> **Es gehört zu den Dingen, die man leicht ausspricht. – ›Das jüdische Volk wird ausgerottet‹, sagt ein jeder Parteigenosse, ›ganz klar, steht in unserem Programm [...]‹. Von allen, die so reden, hat keiner zugesehen, keiner hat es durchgestanden. Von Euch werden die meisten wissen, was es heißt, wenn 100 Leichen beisammen liegen, wenn 500 daliegen oder wenn 1000 daliegen. Dies durchgehalten zu haben und dabei – abgesehen von Ausnahmen menschlicher Schwächen – anständig geblieben zu sein, das hat uns hart gemacht. Dies ist ein niemals geschriebenes und niemals zu schreibendes Ruhmesblatt unserer Geschichte.**

Material 3 **Jurek Becker: »Die unsichtbare Stadt«**

Als ich zwei Jahre alt war, kam ich in dieses Getto, mit fünf verließ ich es wieder in Richtung Lager. Ich kann mich an nichts erinnern. So hat man es mir erzählt, so steht es in meinen Papieren, so war folglich meine Kindheit. Manchmal denke ich: Schade, daß dort nicht etwas anderes steht. Jedenfalls kenne ich das Getto nur vom dürftigen Hörensagen.
Ein paarmal hat mein Vater mit mir darüber gesprochen, widerwillig und selten. Solange er lebte, war ich nicht neugierig genug, ihn mit geschickten Fragen zu überlisten, und dann war es zu spät. Dennoch habe ich Geschichten über Gettos geschrie-

ben, als wäre ich ein Fachmann. Vielleicht habe ich gedacht, wenn ich nur lange genug schreibe, werden die Erinnerungen schon kommen. Vielleicht habe ich irgendwann auch angefangen, manche meiner Erfindungen für Erinnerung zu halten. Ohne Erinnerungen an die Kindheit zu sein, das ist, als wärst du verurteilt, ständig eine Kiste mit dir herumzuschleppen, deren Inhalt du nicht kennst. Und je älter du wirst, um so schwerer kommt sie dir vor und um so ungeduldiger wirst du, das Ding endlich zu öffnen.

Jetzt ist der Fußboden meines Zimmers übersät mit den Fotos dieser Ausstellung. Wenn ich Erinnerungen hätte, müßten sie dort zu Hause sein, in jenen Straßen, hinter jenen Mauern, unter diesen Leuten. Am meisten interessieren mich die Frauen auf den Bildern:

Ich weiß nicht, wie meine Mutter ausgesehen hat. Es existiert kein Foto von ihr, sie ist im Lager gestorben. Ich könnte mir eine der Frauen aussuchen, mein Vater hat gesagt, sie sei auffallend hübsch gewesen, natürlich.

Die meisten der Bilder sind von einer Stille, nach der man sich sehnt, sie strahlen Friedlichkeit aus. In meinen Augen haben sie etwas von der guten alten Zeit. Der Fotograf scheint um den Nachweis bemüht gewesen zu sein, daß das Getto kein grauenhafter Ort war, wie Feindpropaganda es manchem eingeflüstert haben mag, sondern daß es dort wie unter Menschen zuging. Wenn auch diese Menschen ein wenig seltsam waren, ein wenig anders, aber das wußte man vorher. Wer genau hinschaut, könnte das Getto sogar für einen Ort der Besinnung halten.

Der junge jüdische Polizist, der die Papiere eines verdächtig aussehenden Passanten kontrolliert, wie es nun mal Polizistenpflicht auf der ganzen Welt ist. Der Friseur, der seine Mütze vor dem Fotografen abgenommen hat, auf Kundschaft wartend vor seinem Holzhaus, in dem es bestimmt gemütlich zugeht. Der bärtige Mann, der einen gummibereiften Holzwagen übers Kopfsteinpflaster zieht, ein Arbeitsmensch, der sich nicht eben zerreißt. Selbst die vier Juden, die einen Toten an einer Mauer entlangtragen, muß man kaum mehr als flüchtig bedauern; zu viert wird man schließlich eine Leiche tragen können, und gestorben wird überall. Mit dem deutschen Posten neben dem Schilderhäuschen kann man schon eher Mitleid haben, wie er so dasteht, fern der Heimat und verloren; es ist verdammt einsam am Gettoeingang, denn keiner will hinein und keiner hinaus. Die Bilder suggerieren, daß alles hier behutsam geregelt ist, auf eine den Dingen und den Menschen tief innewohnende Art und Weise.

Mit einem Wort, ich denke mir Theorien über die Absichten des Fotografen zusammen, ich durchschaue seine Intentionen, der Kerl kann mir nichts vormachen. Doch auf einmal geschieht etwas, das mir ganz und gar nicht recht ist: Einzelne Bilder saugen meine Blicke auf, ich falle in sie hinein, fern von der Absicht, einen Text zu schreiben. Ich sehe zwei Bilder mit Kindern, das eine Mal auf Essenzuteilung wartend, Töpfe und Eimerchen und Löffel in Händen, das andere Mal mit roten Mützen und auf den Fotografen starrend. Beim Spielen unterbrochen und trotzdem regungslos. Nein, ein so Kleiner, wie ich damals gewesen sein muß, ist nicht dabei. Doch wahrscheinlich sind solche auf den Bildern, die mich kannten, die mir etwas weggenommen oder mich verprügelt oder mir ihre Befehle gegeben haben. Vielleicht steht einer dort, der heute mein bester Freund wäre, wenn die ganze Sache einen etwas günstigeren Verlauf genommen hätte.

Ich hasse Sentimentalitäten, diese Verstandestrübungen, ich würde gern alle Löcher zustopfen, aus denen sie kriechen könnten. Jedesmal, wenn meinen Vater die Rührung überkam, bin ich aus dem Zimmer gegangen, bis er sich wieder im Griff

hatte. Plötzlich spielt das keine Rolle mehr, die Bilder erfüllen mich selbst mit Rührung, ausgerechnet mich, und ich muß mir die dümmsten Tränen aus den Augen wischen. Keine Mädchen auf den Fotos, nur Jungen, Jungs über Jungs, wie kommt das? Ist das etwa der Grund, warum Mädchen für mich, seit ich zurückdenken kann, immer besondere Wesen gewesen sind?
Auf einem der Bilder fährt die jüdische Feuerwehr durchs Getto. Was war nur mit dieser Feuerwehr, irgendwas hat mir mein Vater erzählt, daß es sie gab, oder daß er einen dort kannte, oder daß sie immer zu spät gekommen ist, oder daß es andauernd gebrannt hat, selbst das habe ich vergessen. Unentwegt das Gefühl, mich beim Erinnern nur etwas mehr anstrengen zu müssen, anstatt so träge zu sein und faul aufs Erinnern zu warten. Dabei strenge ich mich an zum Verrücktwerden, es kommt nichts; nur die Bilder liegen im Zimmer, so unbegreiflich nah.
Als ich sie bekam, als ich das Päckchen öffnete und sie auszubreiten anfing, hatte ich bald das Empfinden, sie in eine andere Reihenfolge bringen zu müssen. Doch in was für eine Reihenfolge? Was paßte wozu, und was sollte getrennt sein? Gehören Kinder zu Kindern und Bärtige zu Bärtigen und Händler zu Händlern? Und Polizisten zu Polizisten und die Blonden zu den Blonden? Jedenfalls stimmt die Reihenfolge nicht, sie ist wie ein Sprung auf einer Platte, der die schönste Aufnahme verdirbt. Ich ordne die Bilder immer wieder neu, ich will unbedingt das Rätsel lösen. Ich lege den Bahnhof nach außen, den Friedhof nach außen, die Straßen in die Mitte, Holzhäuser zusammen, Steinhäuser zusammen, die Werkhallen dazwischen, die Grenze an die Grenze. Immer wieder ist alles falsch, das Lämpchen der Erinnerung leuchtet nicht auf.
Ich starre auf die Bilder und suche mir die Augen wund nach dem alles entscheidenden Stück meines Lebens. Aber nur die verlöschenden Leben der anderen sind zu erkennen, wozu soll ich von Empörung oder Mitleid reden, ich möchte zu ihnen hinabsteigen und finde den Weg nicht.

(aus: Unser einziger Weg ist Arbeit. Das Getto in Lodz 1940–1944,
hrsg. v. Jüdischen Museum, Frankfurt.
Wien: Löcker 1990, S. 10 f.)

Material 4 **Andrzej Szczypiorski: »Die schöne Frau Seidenmann«**

(Vorbemerkung: Die Auszüge aus dem 19. Kapitel des Romans stellen einen SS-Offizier vor, der zur deutschen Besatzung in Warschau gehörte.)
Der Wind pfiff, Stuckler hörte nun das Knirschen der unter den Hufen fortgleitenden Steine und den vollen, edlen Hufschlag. Wieder dachte er, dies alles wird einmal zu Ende gehen, dann folgt die Rückkehr zur Banalität. Und wenn wir den Krieg verlieren, dachte er, gibt es für uns keinen Platz unter der Sonne. So war es immer. Eine Horde überflutet Europa. Der Barbar wird auf den Ruinen triumphieren. Er hielt das Pferd an. Die Sonne stand hoch am Himmel, sie leuchtete durch die Kronen der noch blattlosen Bäume. Die Schatten der Zweige legten sich auf das Gras. Die Barbaren werden verkünden, daß wir Verbrecher gewesen sind, ein Auswurf des Menschengeschlechts. Wir führen diesen Krieg auf grausame Weise, aber Kriege sind immer gleich grausam. Sie werden uns die größte Schande seit Anfang der Welt zuschreiben, als wäre dies alles zum ersten Mal in der Geschichte der Menschheit geschehen. Dennoch tun wir nichts, was andere nicht schon vor uns getan haben. Wir töten die Feinde unserer Nation, um den Sieg zu erringen. Wir töten in großem Ausmaß, weil die Welt vorangeschritten ist und jetzt alles in großem Ausmaß geschieht. Es ist lächerlich und kläglich, aber wenn wir den Krieg verlieren, werden die Sieger

verkünden, wir hätten Massenmord begangen, als ob gemäßigtes Morden berechtigt wäre. Darin besteht ihre Moral, in deren Namen sie Krieg führen. Wenn wir verlieren, werden sie eine Bilanz der Opfer aufstellen und zu dem Schluß gelangen, wir seien gewissenlose Verbrecher gewesen. Ich habe nicht mehr als hundert Juden töten lassen. Hätte ich nur zehn töten lassen, wäre ich dann moralischer und der Erlösung würdiger gewesen? Es ist Unsinn, aber genauso werden sie reden, wenn sie den Krieg gewinnen. Sie werden die Toten zählen, und es wird ihnen nicht einfallen, daß ich viele getötet habe, um zu siegen. Hätte ich nur wenige getötet, hätte ich die Feinde geschont, wäre ich ein Verräter an der eigenen Sache, denn Barmherzigkeit im Krieg ist Handeln zugunsten des Gegners, Verringerung der eigenen Chancen. So war es immer. Juden? Polen? Russen? Jeder verschonte Jude oder Pole kann verursachen, daß in diesem Krieg ein Deutscher umkommt, ein Mensch meiner Rasse, meines Blutes. Aber wenn sie siegen, werden sie mir den Vorwurf machen, ich sei ohne Mitleid gewesen, sie werden vergessen, daß es immer so war, sie werden auch ihre eigene Grausamkeit, ihre eigene Mitleidslosigkeit vergessen. Ich habe mir den Krieg nicht ausgedacht, Adolf Hitler auch nicht, Gott selbst hat die Menschen zu Kriegern gemacht. So war es immer.

[…] Als junger Mann hatte der arme Stuckler in seiner elterlichen Mühle gearbeitet, und begüterte jüdische Großhändler hatten ihn ausgenutzt. Später wohnte er schön und bequem, und die Juden fegten die Straßen. In gewissem Sinn war das gerecht, es entsprach dem Zeitgeist und auch den menschlichen Ansprüchen überhaupt, denn die Menschen streben nach Veränderungen, Umgestaltungen und neuen Ordnungen. Die Welt ist lebendig und formt sich unaufhörlich um. So war es immer.

Zu einem bestimmten Zeitpunkt begann die nationalsozialistische Bewegung, ihre politischen Gegner und auch die Juden im Reich gewaltsam zu verfolgen. Stuckler war nicht als gewissenloser Mörder geboren, weil nie und nirgends gewissenlose Mörder geboren werden. Und nie hat jemand seine verbrecherische Tätigkeit begonnen mit dem Anzünden der Welt und mit Massenmorden. Stuckler machte mit, als den jüdischen Geschäften die Scheiben eingeschlagen wurden, was zwar keine angemessene Beschäftigung war und ziemlich töricht aussah, auch in seinen Augen, letzten Endes den Juden aber kein großes Unrecht zufügte. Sie waren begütert und einflußreich genug, um sich neue Scheiben einsetzen zu lassen. Eine Lektion tat ihnen sicher gut, sie brachte ihnen Demut und Höflichkeit bei. Man hatte ihnen ihren entsprechenden Platz gezeigt! Später schlug Stuckler ein paar Juden. Einer von ihnen hatte mit einem deutschen Mädchen geschlafen, die auch eine Lektion erhielt, denn sie war zwar das Dienstmädchen dieses Juden, mußte aber wissen, daß sie gegen das Gesetz gehandelt und die deutsche Rasse in Gefahr gebracht hatte. Die deutsche Rasse war besser als andere, das unterlag für Stuckler keinem Zweifel, so wie es für viele Engländer keinem Zweifel unterlag, daß sie das vortrefflichste Volk der Erde seien, wie es für viele Juden, die dem Bund die Treue hielten, keinem Zweifel unterlag, daß sie das von Gott auserwählte Volk seien, wie es für viele Polen keinem Zweifel unterlag, daß sie sich unter dem besonderen Schutz der Muttergottes befänden, während die Deutschen böse Ordensritter seien, die Russen Sklavenseelen, die Franzosen Froschfresser, die Italiener Mandolinenspieler, die Engländer Krämer und die Tschechen feige Pepis. In dieser Hinsicht unterschied sich Stuckler nicht von anderen Menschen unter der Sonne, nur daß er vielleicht ziemlich früh Uniform anzog, die Stärke der Gemeinschaft empfand und die Wirkung der Peitsche bemerkte. Die Menschen sind von Natur aus schwach, darum gefällt ihnen die Macht, und Stuckler war ein Dutzendmensch wie die Mehrheit.

Er tötete einen Menschen, nachdem er schon viele geschlagen, getreten und verletzt hatte. Man darf annehmen, daß der erste Totschlag nicht mit vollem Bewußtsein geschah, sondern eher zufällig. Stuckler schlug zu heftig, die ärztliche Hilfe kam zu spät. Es war ein unangenehmer Vorfall, und es ist nicht auszuschließen, daß Stuckler sich an dieses Geschehnis nur ungern erinnerte, ja daß er versuchte, es aus seinem Gedächtnis zu streichen. Dennoch ereigneten sich ähnliche Geschehnisse immer häufiger, zudem brach der Krieg aus, und im Krieg schlagen die einen die anderen tot, weil sie selber totgeschlagen werden, wenn sie das nicht tun. Eines Tages stellte Stuckler fest, daß er viele Menschen totgeschlagen hatte, konnte aber ohne die Gefahr eines Irrtums wiederholen, so sei es immer. Und er hatte recht, so war es in der Tat immer.

(aus: Andrzej Szczypiorski: Die schöne Frau Seidenmann. Zürich: Diogenes 1991 u. ö., S. 228 ff.)

Material 5

Edgar Hilsenrath: »Nacht«

Es regnete nicht mehr. Am Himmel standen vereinzelte Sterne, und ein Streifen Mond blickte aus einer Wolkenlücke müde auf die blassen Pfützen herab.
Ranek überquerte eilig die ausgestorbene Straße. Er suchte eine Weile, bis er ein Loch im Zaun entdeckte, dann betrat er den Hof und wankte keuchend auf die einsame Ruine zu. Im Hausflur tastete er sich wie ein Blinder an der rissigen Wand entlang, fand endlich im Dunkeln das schiefe Treppengeländer und begann, mit seinen schwachen Beinen die Stufen emporzuklimmen.
Er wußte nicht, wie es kam, daß er mitten auf der Treppe stehenblieb, sich umdrehte und zurück hinunterging. Er wußte nur, daß er plötzlich wieder vor dem Loch unter der Treppe stand, in dem er vor einigen Stunden den kranken Mann versteckt hatte.
»Levi«, sagte er leise, »Levi ... ich bin's ... hab keine Angst ... ich bin's.« Er entfernte ein paar Bretter und legte den Körper frei. Dann kniete er nieder und fing den Reglosen zu rütteln an.
Levi gab keinen Laut von sich. Auch jetzt zündete Ranek ein Streichholz an. Zum wievielten Mal schon heute nacht? Aber das war egal. Er wollte Licht. Er wollte Gewißheit. Und wieder leuchtete er in das Gesicht des Mannes, dessen Nachfolger er geworden war.
Levi bewegte jetzt die Lippen. Er konnte nicht mehr sprechen; er konnte auch nicht den Kopf wenden, nur seine Augen wanderten langsam seitwärts wie zwei schwere Bleikugeln, so als würden sie magnetisch von dem Licht des Streichholzes angezogen. Seine Augen blickten jetzt ohne Angst. Sie waren groß und ruhig, aber eine stumme Anklage stand darin, eine furchtbare Anklage ohne Worte. Er stirbt, durchfuhr es Ranek. Man müßte die Alte benachrichtigen! Vielleicht wollte Levi sie noch einmal sehen? Ranek verwarf den Gedanken sofort, weil es jetzt Wichtigeres für ihn zu tun gab. Das Streichholz verlosch. Er nahm sich keine Zeit, ein anderes anzuzünden, sondern fing gleich an, Levi zu untersuchen. Der Sterbende trug weder Jacke noch Hose; um seinen nackten Körper waren zwei aufgetrennte Mehlsäcke gewunden. Ranek hielt sich nicht unnötig mit den Mehlsäcken auf; er betastete Levis Beine ... und jetzt fühlten seine Finger: die Schuhe.
»Levi«, flüsterte er, »du brauchst die Schuhe doch nicht mehr, verdammt noch mal, du brauchst sie nicht mehr.«
Er kam sich plötzlich wie ein Geier vor. Ein Geier vor einem Aas. Nein, dachte er, noch nicht, noch kein Aas.

Raneks Finger waren von der kalten Nachtluft steif geworden und arbeiteten nur langsam und ungeschickt. Er fühlte, wie ihm vom Bücken das Blut in den Schädel schoß; seine Schläfen hämmerten und schmerzten. Als er die Schnürsenkelknoten endlich aufgebunden hatte, setzte er sich erschöpft neben dem Sterbenden auf die Erde, um ein wenig zu verschnaufen.
Es war unheimlich still im Hausflur. Ranek lehnte seinen Kopf an die Mauer und starrte grübelnd auf die schwarze Treppe. Er war sich vollkommen bewußt, daß es kein gewöhnlicher Schuhdiebstahl war, was er jetzt vorhatte; für hiesige Begriffe galt so etwas als schweres Verbrechen. Nicht einmal die Abgebrühtesten wagten es, einen Sterbenden auszuplündern; sie warteten lieber, bis er tot war, und nahmen ihm erst dann die Sachen fort … »Stimmt«, murmelte er halblaut vor sich hin, »… stimmt vollkommen; man wartet ab … so ist's anständig. Wenn er tot ist, dann sieht er nicht, was man mit ihm macht; dann weiß er nichts mehr.«
Ranek blieb noch ein paar Minuten an der Mauer sitzen; dann raffte er sich auf und machte sich wieder über den Sterbenden her … Was ging ihn das alles an! Er hatte Hunger, und er wollte die Schuhe; er würde sie Dvorski bringen, und Dvorski würde ihm was zu fressen geben. Und das war das Wichtigste! Wichtiger war's als der ganze moralische Kram.
Der eine Schuh fiel patschend in den Schlamm. Mit dem anderen hatte er mehr Mühe. Der verfluchte Schuh saß wie festgegossen auf dem Fuß. Er zog und zog. Es half nicht. Ärgerlich geworden, stemmte er sich jetzt mit aller Kraft gegen den Bauch des Sterbenden, und wieder packte er den Schuh und zog. Diesmal bekam er ihn los. Dann schlurfte er zurück zum Keller.

(aus: Edgar Hilsenrath: Nacht. Köln: Literarischer Verlag Braun 1978, S. 54 ff.)

Werner Neubert: »Wahrheitserpichter Lügner« **Material 6**

Der erste Buchwurf dieses Autors (Jahrgang 1937), der bisher durch seine Arbeiten für Film und Funk bekannt wurde, ist nichts weniger denn erstaunlich. Nur selten kann ein epischer Erstling solche erzählerische Dichte, klug-sichere Fabelführung, prägnant-schöne Sprache ausweisen wie dieser. Alle diese Vorzüge stehen im Dienste eines fesselnden Grundeinfalls, der aus Wahrheit und Wahrscheinlichkeit bitteren kindlichen Selbsterlebens in einem Ghetto der grausamen vierziger Jahre gespeist ist.
Der Grad an Objektivierung, sinnvoll bewirkt durch Erzählerposition und feinfühligen Gebrauch verhaltener Komik bis Tragikomik, läßt den Roman zu einem poetischen Gleichnis besonderer Art werden. Jakob der Lügner ist ein Lügner um der Wahrheit und des Lebens willen. Ist das ein zu gewagtes Paradoxon? Man muß die Umstände sehen, unter denen Jakob Heym lügt. Wie den Menschen des vernichtungsbedrohten Ghettos nicht nur die Unterhaltung jedweden Baums, Strauchs usw. strengstens untersagt ist, so auch die Kenntnisnahme jedweder Nachricht aus der übrigen Welt. Als Jakob auf seltsame, den Tod streifende Weise den umkämpften fernen Ortsnamen Bezanika hört, ist dies für ihn wie ein heller Lichtfunken in der Nacht der Vernichtung. Wie weit dieses Bezanika auch noch entfernt sein mag, die sowjetische Armee ist im Vormarsch!
Da Jakob die Quelle dieser Nachricht nicht nennen mag, greift er gegenüber Mischa zu der Fiktion, heimlich ein Radio zu besitzen. Die Folgen sind unberechenbar, denn Jakob muß nun immer weiter lügen, um des letzten Lebens- und Hoffnungsfunkens vieler willen. Das Resultat seines Lügens: Die Selbstmorde der Verzweifel-

ten gehen zurück, neue menschliche Hoffnung glimmt auf. Die Jagd nach Nachrichtenquellen, mit denen Jakob seiner Phantasie einigermaßen aufhelfen kann, ist tragisch und komisch in einem. Solche filmisch beeinflußten Meisterszenen wie die mit dem Naziposten vor und auf dem Klosett geben Momentaufnahmen von frappierender Intensität. Aus den Situationen zwischen Tod und Leben entwickelt der Autor dabei Haltungen und Physiognomien von seltener Eindringlichkeit. Knappe Episoden, etwa wie die Entscheidung des einst weltbekannten jüdischen Mediziners Kirschbaum, vertiefen die Fabel, die von Liebe, Tod und Hoffnung handelt. Der Ton aus Elegie und Optimismus, wie er in der Liebesgeschichte von Mischa und Rosa aufklingt, ist in dieser Weise noch nicht vernommen worden.

Der Erzähler verkündet an einer Stelle, daß in diesem Ghetto im Unterschied zu anderen nicht gekämpft worden sei. Diese Bemerkung kann mit als Verfremdungseffekt, als poetisches Moment des hier erzählten Gleichnisses gelten, denn der gerechte Waffenkampf dort war nicht möglich ohne die stumme Tapferkeit des Herzens hier, ohne die trotzende Bewahrung des Menschlichen auch im zunächst Unscheinbaren und Kleinen. Das will der Autor wohl vor allem deutlich machen. Dennoch hat der Rezensent sich beim Lesen gern immer wieder auch an jene literarischen Werke mit erinnert, in denen gezeigt wird, wie die klarsten Kräfte der Klasse den realen Kampf organisierten und führten. Ohne dieses Wissen möchte leicht die Trauer überhand gewinnen.

Die Weltliteratur hat, wie erinnerlich, viele große und interessante Lügnertypen hervorgebracht. Münchhausen, Felix Krull und Peer Gynt etwa sind ganz unverwechselbar in den Motivationen ihres Lügens. Was für ein Lügner ist dieser Jakob? Jakob Heym ist objektiv ein tragikomischer Lügner, denn er meint, die Lebenshoffnung der Menschen sei zunächst allein schon mit erfundenen Schlachten, Ortsnamen, Vormarschtempi aufrechtzuerhalten. Solche Fakten mögen in kriegserfüllten Zeiten und Situationen für die gerecht Kämpfenden und Hoffenden gewiß unerhört wichtig sein, aber die mächtigste moralische Reserve ist doch letztlich das Vertrauen aus Klassenposition und politischem Bewußtsein. Dem einstigen Kleingewerbetreibenden Jakob Heym fehlt solches, aber gerade wegen dieser Tatsache hätte der Autor – ohne dabei an vordergründige Lehrhaftigkeit zu denken – seinem Buch sicherlich eine noch tiefere soziale, kritische Dimension verleihen können. Der Ansatz hierzu ist mit Kowalskis Tod durchaus gegeben, doch diese Kontur bleibt zu schwach.

Jurek Beckers Buch kann sich zweifellos mit den besten Werken unserer antifaschistischen Literatur über die faschistische Schreckenszeit von vor einem Vierteljahrhundert messen. Der Humanismus dieses Werkes muß jeden Leser tief ergreifen. Es ist zu hoffen, daß solche erzählerischen Potenzen, wie sie von Becker in *Jakob der Lügner* gezeigt werden, sich auch unserer neuen Gegenwartsthematik zuwenden werden.

(Werner Neubert: Wahrheitserpichter Lügner.
In: Neues Deutschland vom 14. 5. 1969)

Jurek Becker: Redebeitrag bei einer Diskussion »Zur Zukunft des Erinnerns«

Es ist eine Erfahrung, die ich gemacht habe, daß Zeugen, also in diesem Fall auch Opfer, nicht die souveränsten Auskunftgeber über die Entwicklung von Prozessen sind. Zudem ist zum Beurteilen einer Situation nicht in erster Linie die Erinnerung an die Pein, die einem zugefügt wurde, von Bedeutung. Individuelle Pein ist ja keine Erklärung und führt zu keiner Bewußtseinserweiterung darüber, wie Prozesse, wie Entwicklungen zustande gekommen sind, was für Interessensverquickungen es gegeben hat. Das halte ich für eine viel wichtigere Information über das Zustandekommen des Faschismus in Deutschland, als jemandem zuzuhören, der seine Pein darstellt. [...] Ich will Ihnen von einer furchtbaren, einer mich schmerzenden Erfahrung berichten, die ich vor einiger Zeit gemacht habe. Ich sitze vor dem Fernseher und sehe eine Sendung über Zeugen von Auschwitz. Dort erinnern sich Leute an die furchtbarsten Begebenheiten, die man sich vorstellen kann. Manche sind gerührt, manche weinen bei der Erinnerung, erzählen die unglaublichsten Geschichten. Und ich sitze vor dem Fernseher und denke: ›wie langweilig‹. Ich frage Sie: Was mache ich damit, wie gehe ich damit um? Schäme ich mich dafür? Soll ich es verbergen? Soll ich es niemandem sagen? Oder darf ich über die Frage sprechen, was für einen Sinn diese Art von öffentlicher Mitteilung hat? Nur daß es passiert ist, reicht mir nicht.

Ich habe schon Opfergeschichten gehört, bei denen mir durch den Kopf ging: »Tut mir furchtbar leid, ich habe zwar noch nicht von deinem Individualfall gehört, aber diese Geschichte kenne ich.« Ich kann dem Opfer die Freundlichkeit erweisen, daß ich geduldig tue. Das scheint mir inhuman zu sein. Darauf kann ich mich nicht einlassen. Ich muß also die Frage stellen, was für ein Erkenntniszuwachs durch die Schilderung von Pein entsteht? Wenn mir meine Tante, die ich kenne oder zu der ich eine Beziehung habe, sozusagen als Familiengeschichte etwas erzählt, dann ist das eine völlig andere Frage. Wir sprechen aber hier von einem öffentlichen Erzählen. Ich kann der Theorie nicht zustimmen, daß sozusagen ein Zuwachs an Zuhörgeduld dieses Problem lösen wird. Ich glaube es nicht. Im Gegenteil vermute ich: es führt zu Verbitterung!

[...] Ich möchte die Frage stellen, wozu dieses Sicherinnern nütze ist? Was für ein Gewinn soll daraus entspringen? Ich würde mich mit der Antwort: »Damit wir wissen, was da gewesen ist«, nicht zufrieden geben. Das reicht mir nicht. Ich glaube, daß der größte und im Grunde der eigentliche Gewinn beim Umgang mit Vergangenheit, mit schrecklicher Vergangenheit, darin bestehen muß, der Gefahr einer Wiederholung dieser Vergangenheit vorzubeugen. Der Umgang mit der Vergangenheit hat gefälligst den Blick für die Gegenwart zu schärfen. Wenn ich sozusagen über den Umgang mit Vergangenheit erreiche, daß ein gegenwärtiges Alarmsystem installiert wird, daß ein gewisser Zuwachs an Empfindlichkeit stattfindet, daß ein Blick für Gewalt gegeben ist, daß ein Blick für Einflußnahmen gegeben ist, dann ist der Umgang mit Vergangenheit sinnvoll.

(Jurek Becker: Redebeitrag bei einer Diskussion »Zur Zukunft des Erinnerns«.
In: Köppen, Manuel (Hrsg.), Kunst und Literatur nach Auschwitz.
Berlin: Schmidt 1993, S. 206 ff.)

Anhang

Anmerkungen

[1] Amery, Jean (1970): Jenseits von Schuld und Sühne, Bewältigungsversuche eines Überwältigten. München, S. 18 f.

[2] Buch, Hans Christoph (1996): Reisen ans Ende der Nacht. In: Die Zeit Nr. 40, 27. 9. 96, S. 40.

[3] Becker, Jurek: Werkstattgespräch. In: Graf, K. und Konietzny, U. (Hrsg.) (1991): Werkheft Literatur: Jurek Becker. München, Seite 60.

[4] Stellvertretend für diese didaktischen Konzepte sei genannt: Frizen, Werner (1996): Patrick Süskinds »postmoderne« Didaktik. In: Der Deutschunterricht Jg. 48, Heft 3, S. 27 f.

[5] Vgl. dazu Becker, J. (1993): Zur Zukunft des Erinnerns. In: Manuel Köppen (Hrsg.) (1993): Kunst und Literatur nach Auschwitz. Berlin, S. 206.

[6] Heidelberger-Leonard, Irene (Hrsg.) (1992): Jurek Becker (suhrkamp taschenbuch 2116). Frankfurt a. M.
Arnold, Heinz Ludwig (Hrsg.) (1992): Text und Kritik. Zeitschrift für Literatur, Heft 116.

[7] Lüdke-Haerte, Sigrid, Lüdke, W. Martin: Jurek Becker (1988). In: Kritisches Lexikon zur deutschsprachigen Gegenwartsliteratur. Hrsg. von Arnold, H. L., München (29. Nachlieferung). Vgl. auch Joho, Wolfgang (1969): Lüge aus Barmherzigkeit. In: Neue Deutsche Literatur, Berlin-Weimar, 17. Jg., Heft 2, S. 151 ff.

[8] Vgl. Young, James, Eduard (1992): Beschreibung des Holocaust. Darstellung und Folgen der Interpretation. Frankfurt, S. 35 f.

[9] Steinlein, Rüdiger (1993): Das Furchtbare lächerlich? Komik und Lachen in Texten der deutschen Holocaust-Literatur. In: Manuel Köppen (Hrsg.)

[10] Oppermann, Hanne (1980): Erzählen: Ein Prinzip Hoffnung? In: Praxis Deutsch 39, S. 41 ff. Zierlinger, U. (1996): Jurek Becker: Jakob der Lügner. Lektüre Durchblick, Bd. 307. München.

[11] Walser, Martin (1992): Brauchen Romanhelden Berufe? In: Frankfurter Allgemeine Zeitung vom 11. 1. 92.

[12] Becker, J. (1978): Mein Judentum. In: Heidelberger-Leonard (Hrsg.), S. 15 ff.

[13] Becker, J. (1978): Mein Judentum, S. 19.

[14] Becker, J. (1988): Gedächtnis verloren – Verstand verloren. Antwort an Martin Walser. In: Heidelberger-Leonard (Hrsg.), S. 57.

[15] Becker, J. (1990): Die unsichtbare Stadt. In: Heidelberger-Leonard (Hrsg.), S. 25.

[16] Becker, J. (1990): Die unsichtbare Stadt, S. 25. In seinem letzten Interview kurz vor seinem Tode (***Der Spiegel*** vom 24. 3. 1997, Nr. 13, S. 211) greift er dieses Motiv wieder auf, erwähnt seine »lebenslange Beschäftigung«, »rauszukriegen, was in diesem verfluchten Sack drin ist, den ich da auf dem Rücken habe«, und vergleicht sich, so wie er »in die Welt gefallen« ist, mit Kaspar Hauser.

[17] Becker, J. (1990): Die unsichtbare Stadt, S. 25.

[18] Becker, J. (1990), S. 27.

[19] Becker, J. (1986): Bronsteins Kinder. Frankfurt/Main 1986, S. 73.

[20] Begley, L. (1994): Lügen in Zeiten des Krieges. Frankfurt/Main, S. 7 ff.

[21] Becker, J. (1992): Interview mit Arnold H. L. In: Text und Kritik. Zeitschrift für Literatur, Heft 116, Seite 5.

[22] Becker, J. (1994): Der Spiegel vom 12. 12. 94, Jg. 50, S. 197.

[23] Vgl. dazu: Wetzel, Heinz (1985): »Unvergleichlich gelungen« – aber »einfach zu schön«? Zur ethischen und ästhetischen Motivation des Erzählens in Jurek Beckers Roman »Jakob der Lügner«. In: Kontroversen, alte und neue. Akten des VII. Internationalen Germanisten-Kongresses, Göttingen. Hrsg. von A. Schöne. Tübingen 1968, Bd. 8, S. 107–114.

[24] Vgl. dazu Gilmann, Sander (1988): Jüdische Literaten und deutsche Literatur. Antisemitismus und die verborgene Sprache der Juden am Beispiel von J. Becker und E. Hilsenrath. In: Zeitschrift für deutsche Philologie, 107. Jg., Heft 2, S. 269–294.

[25] Kayser, Wolfgang (1959): Die Wahrheit der Dichter. Hamburg, Seite 7.

[26] Longerich, P. (1989): Die Ermordung der europäischen Juden. Eine umfassende Dokumentation des Holocaust 1941–1945. München, Zürich, S. 184 f.

[27] Vgl. Szczypiorski, Andrzej (1992): Die schöne Frau Seidenmann. Zürich (Diogenes Taschenbuch), vgl. besonders S. 228 ff. Hier versucht der Autor auf fiktionale Weise, die SS-Denkweise und Mentalität unvermittelt darzustellen.

[28] Hilsenrath, Edgar (1978): Nacht. Köln.

[29] Baumgart, Reinhard (1966): Unmenschlichkeit beschreiben. In: R. B.: Literatur für Zeitgenossen (edition suhrkamp 186). Frankfurt/Main, S. 28.

[30] Klüger, R. (1994): weiter leben. Eine Jugend. München (dtv), S. 135.

31 Klüger (1994), S. 132.
32 Karnick, Manfred (1992): Die Geschichte von Jakob und Jakobs Geschichten. In: Heidelberger-Leonard, I. (Hrsg.), S. 212.
33 Vgl. die breite Diskussion um das Buch von D. Goldhagen (1996): Hitlers willige Vollstrecker. Ganz gewöhnliche Deutsche und der Holocaust. Berlin. Die Diskussion kreist um die Frage, warum gewöhnliche Deutsche zu hemmungslosen Massenmördern wurden.
34 Klüger (1994), S. 148.
35 Oppermann, H. (1980), S. 41.
36 Vgl. Wetzel (1985), S. 113.
37 Vgl. Baumgart (1966), S. 20 ff.
38 Vgl. Preisendanz, W., Warning, R. (Hrsg.) (1976): Das Komische, Poetik und Hermeneutik. München, S. 11.
39 Becker, J. (1991): Werkstattgespräch. In: Graf, K. und Konietzny, U., S. 65 f.
40 Kundera, Milan (1992): Die Kunst des Romans. Frankfurt a. M. (Fischer Taschenbuch 6897), S. 140.
41 Adorno, Th. W. (1982): Negative Dialektik. Gesammelte Schriften Bd. 6. Frankfurt/Main, S. 354.
42 Brecht, Bertolt (1967): An die Nachgeborenen. Gesammelte Werke Bd. 9, Werkausgabe edition suhrkamp. Frankfurt a. M., S. 722 ff.
43 Zimmermann, Werner (1988): Jurek Becker: Jakob der Lügner. In: Zimmermann, W.: Deutsche Prosadichtungen des 20. Jahrhunderts, Bd. 3. Düsseldorf, S. 10 ff.
44 Becker, J. (1991): Werkstattgespräch. In: Graf, K. und Konietzny, U. (Hrsg.), S. 58.
45 Young, J. E. (1992), S. 22 f.
46 Frisch, Max (1986): Gesammelte Werke. Jubiläumsausgabe in sechs Bänden 1931–1985. Hrsg. von Mayer, H., Schütz, W., Frankfurt, Band IV, S. 264.
47 Begley, Louis (1994): Lügen in Zeiten des Krieges, S. 223.
48 Vgl. Kammler, C. (1995): Ein Ereignis im Auschwitz-Diskurs. In: Der Deutschunterricht Jg. 47, Heft 6, S. 19.
49 Adorno, Th. W. (1982), S. 356.
50 Wiesel, Elie (1979): Die Massenvernichtung als literarische Inspiration. In: Kogon, E., Metz J. B. (Hrsg.): Gott nach Auschwitz. Dimensionen des Massenmordes am jüdischen Volk. Freiburg, S. 25 f.
51 Klüger, Ruth (1994), S. 76.
52 Becker, J. (1993): Zur Zukunft des Erinnerns. In: Köppen, M. (Hrsg.): Kunst und Literatur nach Auschwitz, S. 208.
53 Hermlin, Stephan [1980]: Mein Friede. In: H. St.: Aufsätze, Reportagen, Reden, Interviews. München, Wien o. J., S. 101.
54 Wolf, Christa (1977): Kindheitsmuster. Darmstadt, Neuwied, S. 221.
55 Neubert, Werner (1969): Wahrheitserpichter Lügner. In: Neues Deutschland (Berlin/DDR) Nr. 132 vom 14. 5. 1969. Beilage »ND-Literatur«, S. IV.
56 Becker, J. (1988): Das Vorstellbare gefällt mir immer besser als das Bekannte. Gespräch mit M. Birnbaum. In: Heidelberger-Leonard (Hrsg.), S. 102.
57 Becker, J. (1992): Interview. In: Arnold, H. L. (Hrsg.), S. 5 f.
58 Becker, J. (1990): Warnung vor dem Schriftsteller. Drei Vorlesungen in Frankfurt. Frankfurt/Main (edition suhrkamp 1601), S. 58 f.
59 Becker, J. (1990): Warnung vor einem Schriftsteller, S. 13.
60 Sartre, J. P. (1958): Was ist Literatur? Reinbek bei Hamburg, S. 15.
61 Becker, J. (1988): Gedächtnis verloren – Verstand verloren. Antwort an Martin Walser. In: Heidelberger-Leonard (Hrsg.), S. 57.
62 Becker, J. (1992): Die Wiedervereinigung der deutschen Literatur. In: Heidelberger-Leonard (Hrsg.), S. 72 f.
63 Becker, J. (1983): Answering Questions about »Jakob der Lügner«. In: Seminar 19. Jg., S. 290 f.

Literaturverzeichnis

Primärliteratur

Dieser Interpretation liegt die Taschenbuch-Ausgabe aus dem Suhrkamp Verlag zugrunde.

Becker (1969): Jakob der Lügner. Berlin und Weimar: Aufbau-Verlag.

Weitere Ausgaben (1979): Neuwied und Berlin: Luchterhand (Sammlung Luchterhand 1). – Frankfurt/Main (1976): Suhrkamp (Bibliothek Suhrkamp 510). – Frankfurt/Main (1981): Suhrkamp (suhrkamp taschenbuch 774). – Leipzig (1988): Reclam (Reclams Universal-Bibliothek 1218).

Becker (1973): Irreführung der Behörden. Rostock. – Frankfurt/Main (1973): Suhrkamp. Frankfurt/Main (1979): Suhrkamp (suhrkamp taschenbuch 271). – Frankfurt/Main (1990): Suhrkamp (Bibliothek Suhrkamp 1045).

Becker: Der Boxer (1976): Rostock. – Frankfurt/Main (1976): Suhrkamp. Frankfurt/Main (1979): Suhrkamp (suhrkamp taschenbuch 526). – Frankfurt/Main (1990): Suhrkamp (Bibliothek Suhrkamp 1045).

Becker (1978): Schlaflose Tage. Frankfurt/Main. – Frankfurt/Main (1980): Suhrkamp (suhrkamp taschenbuch 626).

Becker (1980): Nach der ersten Zukunft. Erzählungen. Frankfurt/Main. – Frankfurt/Main (1983): Suhrkamp (suhrkamp taschenbuch 941).

Becker (1982): Aller Welt Freund. Frankfurt/Main. – Rostock (1983): Hinstorff. – Frankfurt/Main: Suhrkamp (suhrkamp taschenbuch 1151).

Becker (1986): Bronsteins Kinder. Frankfurt/Main: Suhrkamp. – Rostock (1987): Hinstorff. – Frankfurt/Main (1988): Suhrkamp (suhrkamp taschenbuch 1517). – Leipzig (1990): Reclam (Reclams Universal-Bibliothek 1373).

Becker (1986): Erzählungen. Rostock: Hinstorff.

Becker (1990): Warnung vor dem Schriftsteller. Drei Vorlesungen in Frankfurt. Frankfurt/Main: Suhrkamp (edition suhrkamp 1601).

Becker (1992): Die beliebteste Familiengeschichte und andere Erzählungen. Frankfurt/Main: Insel (insel taschenbuch 2333).

Becker (1992): Amanda herzlos. Frankfurt/Main: Suhrkamp.

Sekundärliteratur zum Roman

(Da in zwei J. Becker gewidmeten Sammelbänden eine sorgfältige zusammengestellte und umfangreiche Bibliografie vorliegt, kann sich das Literaturverzeichnis auf die benutzte sowie die empfehlenswerte Literatur zum Roman begrenzen.)

a) Allgemeine Darstellungen

Arnold, Heinz Ludwig (Hrsg.) (1992): Jurek Becker. Text und Kritik. Zeitschrift für Literatur, Heft 116.

Emmerich, Wolfgang (1996[2]): Kleine Literaturgeschichte der DDR. Hamburg.

Graf, Karin und Konietzny, Ulrich (Hrsg.) (1991): Jurek Becker. München: judicium-Verlag.

Heidelberger-Leonard, Irene (Hrsg.) (1992): Jurek Becker. Frankfurt/Main: Suhrkamp (suhrkamp taschenbuch 2116).

Lüdke, Martin (1988): Jurek Becker. In: Killy, W. (Hrsg.): Literatur Lexikon. Autoren und Werke deutscher Sprache. Bd. 1, München, S. 374–376.

Lüdke-Haertel, S. und Lüdke M. W. (1988): Jurek Becker. In: Arnold H. L. (Hrsg.): Kritisches Lexikon zur deutschsprachigen Gegenwartsliteratur. München: edition text + kritik, 29. Nachlieferung, S. 1–12.

b) Einzelbeiträge zum Gesamtwerk und zum Roman Jakob der Lügner

Gilmann, Sander (1988): Jüdische Literaten und deutsche Literatur. Antisemitismus und die verborgene Sprache der Juden am Beispiel von Jurek Becker und Edgar Hilsenrath. In: Zeitschrift für deutsche Philologie. 107. Jg., Heft 2. S. 269–294.

Joho, Wolfgang (1969): Lüge aus Barmherzigkeit. In: Neue Deutsche Literatur (Berlin/Weimar), 17. Jg., S. 151–153.

Müller, Heidy M. (1986): Wertsetzung als Implikation der Erzählhaltung. Bemerkungen zur Judendarstellung in Jurek Beckers Romanen. In: Philosophica (Gent), 38. Jg., Heft 2, S. 61–76.

Neubert, Werner (1969): Wahrheitserpichter Lügner. In: Neues Deutschland (Berlin/DDR), Nr. 132 vom 14. 5. 69. ND-Literatur, S. IV. (Beilage).

Wetzel, Heinz (1985): »Unvergleichlich gelungen« – aber »einfach zu schön«? Zur ethischen und ästhetischen Motivation des Erzählens in Jurek Beckers Roman Jakob der Lügner. In: Kontroversen, alte und neue. Akten des VII. Internationalen Germanisten-Kongresses. Göttingen. Hrsg. von Schöne, A., Tübingen 1986, Bd. 8, S. 107–114.

Wetzel, Heinz (1986): Fiktive und authentische Nachrichten in Jurek Beckers Romanen *Jakob der Lügner* und *Aller Welt Freund*. In: Im Dialog mit der Moderne. Zur deutschsprachigen Literatur der Gegenwart von der Gründerzeit bis zur Gegenwart. Hrsg. von Jost, R. und Schmidt- Bergmann, H., Frankfurt/Main, S. 439–451.

Wetzel, Heinz (1988): Holocaust und Literatur. Die Perspektive Jurek Beckers. In: Colloquia Germanica, 21. Jg., Heft 1, S. 70–76.

Zimmermann, Werner (1988): Jurek Becker: Jakob der Lügner. In: Zimmermann, W., Deutsche Prosadichtungen des 20. Jahrhunderts. Bd. 3, Düsseldorf, S. 10–39.

Zeittafel zu Leben und Werk

(in weitgehender Anlehnung an die Angaben in: Graf, K. und Konietzny, U. (Hrsg.) (1991): Werkheft Literatur: Jurek Becker. München)

1937 Am 30. 9. in Lodz (Polen) geboren, ein willkürliches Datum, denn der Vater hat den Sohn im Ghetto älter gemacht, um ihn vor Deportation zu schützen, und erinnert sich nicht mehr an das richtige Geburtsdatum.

1939 Mit den Eltern Bewohner des Ghettos von Lodz.

1939–1945 Aufenthalt Jureks in den Konzentrationslagern in Ravensbrück und Sachsenhausen; die Mutter stirbt, der Vater überlebt in einem anderen Lager. Mithilfe einer amerikanischen Suchorganisation finden Vater und Sohn zusammen.

ab 1945 J. lebt mit dem Vater in Ostberlin, erlernt hier erst die deutsche Sprache.

1955 Abitur

1955/1956 Zwei Jahre in der Nationalen Volksarmee.

1957 Mitglied der SED. Studium der Philosophie an der Humboldt-Universität Berlin.

1960 Aus politischen Gründen vom Studium relegiert. Kurzes Film-Szenarium-Studium im Filmzentrum Babelsberg; Texte für Kabaretts.

1965 *Jakob der Lügner* als Drehbuch für die DEFA verfasst, aber nicht angenommen.

1969 Als Drehbuchautor bei der DEFA fest angestellt. *Jakob der Lügner* erscheint als Roman.

1971 Für den Roman mit dem Heinrich-Mann-Preis der DDR und dem Charles Veillon-Preis der Schweiz geehrt.

1972 Tod des Vaters. Mitglied des PEN der DDR.

1973 Roman *Irreführung der Behörden*. Wahl in den Vorstand des Schriftstellerverbandes der DDR.

1974 Literaturpreis der Stadt Bremen. Die Filmfassung von *Jakob der Lügner* erscheint.

1975 Nationalpreis der DDR.

1976 Teilnahme am Protest gegen die Ausbürgerung W. Biermanns; Ausschluss aus der SED. Roman *Der Boxer*.

1977 Austritt aus dem Schriftstellerverband der DDR. Becker lebt ab jetzt mit Genehmigung der DDR-Behörden vorwiegend in West-Berlin.

1978 Längerer Aufenthalt in den USA. *Writer in Residence* am Oberlin College, Ohio. Roman *Schlaflose Tage*.

1980 Erzählungen *Nach der ersten Zukunft*.

1982 Roman *Aller Welt Freund*.

1983 Wahl in die Akademie für Sprache und Dichtung in Darmstadt.

1986 Roman *Bronsteins Kinder*. Erstes Drehbuch zur Fernsehserie *Liebling Kreuzberg*.

1987 Adolf-Grimme-Preis in Gold für die Drehbücher der Serie *Liebling Kreuzberg*, zusammen mit M. Krug (Hauptdarsteller) und H. Schirk (Regisseur).

1989 Gastdozentur für Poetik an der Johann-Wolfgang-Goethe-Universität Frankfurt/Main.

1992 Roman *Amanda herzlos*.

1996 Arbeit an weiteren Drehbuchfolgen für die Fernsehserie *Liebling Kreuzberg*.

1997 Jurek Becker stirbt am 14. 3. in Berlin.